CASAS REFUGIO

PRIVATE RETREATS

この本の出版を可能にするためにさまざまな方向からお力添えをいただいた方々に感謝を申し上げたい。一人ひとりのお名前を申し上げるわけにはいかないのだが、協力していただいたすべての建築家やその後継者の方々、そして作品を管理されている財団と記録保管をなさっている方々に感謝したい。イグナシ・デ・ソラ＝モラレスには貴重なアドバイスに対し記して感謝する。

PRIVATE RETREATS
by Gustau Gili Galfetti
translated by Nobuo Iwashita

All right reserved including the right of reproduction in whole or in part in any form. Published 2008 in Japan by Kajima Institute Publishing Co.,Ltd. Japanese Translation rights arranged with Editorial Gustavo Gili, S.L. through The Sakai Agency/Orion.

©Editorial Gustavo Gili, S.A., Barcelona 1995

Printed in Japan

本書は、2000年に刊行した『プライベート リトリート』の新装版です。

PRIVATE RETREATS

GUSTAU GILI GALFETTI

建築家の小屋
プライベート・リトリート

グスタフ・ジリ・ガルフェッティ 著　岩下暢男 訳

鹿島出版会

目　　次

008　大きさの問題だけではなく　グスタフ・ジリ・ガルフェッティ

ASSEMBLY　アッセンブリー

020　ルドルフ・M. シンドラー
　　　A.（ジセラ）・ベナッティのための小屋　1934-1937

022　ヘリット・T. リートフェルト
　　　プロトタイプ　1937

024　ルドルフ・M. シンドラー
　　　エレン・ジャンソンの家　1949

026　ル・コルビュジエ
　　　カップ・マルタン　1950

030　クリスチャン・ガリクセン
　　　モデューリ実験建設システム　1968-1973

038　ジェラルド・マッフェイ
　　　ティン邸　1981-1982

044　ヘルツォーク＆ド・ムーロン
　　　合板の住宅　1984-1985

048　クリスチャン・シリシ／ルイス・ガスコン
　　　サンミケールの住宅　1985

052　アーキトロープ
　　　住宅とスタジオ　1989-1990

056　スヴェレ・フェーン
　　　実験住宅　1992

FRAMING　フレーミング

062　ル・コルビュジエ
　　　ヴィラ・ル・ラック　1923

066　J. J. P. アウト
　　　ベイ社製週末標準化住宅　1933

068　ホセ・ルイ・セルト／J. トレス・クラーヴェ
　　　ガラフの週末住宅　1935

074　ジオ・ポンティ
　　　小さな理想住宅　1939

076 フィリップ・ジョンソン
フィリップ・ジョンソン自邸 1942

080 ピノ・ピッツィゴーニ
最小限住宅 1946

084 エドワード・カリナン
マーヴィン邸 1960

088 ピーター・ウィルモット
ある芸術家の家 1989

SITING　サイティング

092 ブロイヤー／グロピウス
チャンバーレイン・コテージ 1941

094 ポール・ルドルフ
ヒーリー邸（コクーンハウス） 1948-1949

098 ハリー・サイドラー
ローズ邸 1950

100 ポール・ルドルフ
ウォーカー邸 1952-1953

102 ノーマン・フォスター（チーム4）
コックピット・ガゼボ 1964

106 J.マヌエル・ガレゴ
アロサ島の住宅 1977-1982

110 グレン・マーケット
二人の芸術家のための家 1980-1983

116 伊東豊雄
馬込沢の家 1985-1986

120 ユージーン・リーバウト
オールスト近郊の週末住宅 1987-1988

124 ジェームズ・ジョーンズ
ガーデンルーム、ザ・ウォーターワークス 1989

130 石田敏明
富士山の家 1990–1992

134 ミラー／ハル
マルカンの小屋 1992

CAMOUFLAGE　カムフラージュ

140 ル・コルビュジエ
週末住宅 1935

142 フランク・ロイド・ライト／アイフラー＆アソシエイツ
セス・ピーターソンのコテージ 1958/1992-1993

146 アリス・コンスタンティニディス
週末住宅 1962

152 エドゥアルド・ソウト・デ・モウラ
バイアオの住宅 1991-1993

……高速と緊張が低速と弛緩にとって代り、巨大と喧騒が微細と静寂を制圧する。
　……かつては日常事であったこと、たとえばプライバシイと休息とを求めて群衆から逃れ得たことも、今や昔語りとなってしまった。
　……そして、かつての盗賊や外来者は与太者や気違い、ぽん引やセールスマンに代ったのである。彼らは見かけは立派で、一般の人と変りない衣服をまとい規格化された車に乗って現われるのだ。

　……このような直接的暴行の実体に対する防禦策はさしたる問題ではないが、現代人はさらに限りなく困難な問題に遭遇している。──他人と付合うだけでなく、さらに耳を襲うラウドスピーカーの騒音、目の前のカーテンに写る淫らな映像というような無数の侵入者とも付合わねばならないのだ。

……弛緩、集中、瞑想、内省、審美——それらはすべて親密感、柔和、感嘆、歓喜を導くものなのだが—はどこに求めたらよいだろう？
　……かつて小さなスケールのものから受け取った魅力は今日では可愛いい女の子の礼讃にかわり、無関心は軽蔑にかわる。

　　　　……人々の関心は、明らかに、劇的ではあるが、本質的ではない事柄にのみ集中されている—新記録、スピード競争、最も高い建物、最も明るい光、人跡未踏、最長打、最大の喧騒音、最多観衆、最高の美女、最大の幸福……。
　　　　……多過ぎるということは却って無に等しい。たんなる量や、個々に刺激された出来事の繰返しはその効果を失う。華麗な色彩をもった万華鏡も廻りだすと灰一色に見えるのである。

　　　　　　　　　　　クリストファー・アレグザンダー／サージ・シャマイエフ
　　　　　　　　　　　『コミュニティとプライバシイ』（岡田新一訳、鹿島出版会）

大きさの問題だけではなく

グスタフ・ジリ・ガルフェッティ

ペヴスナーは彼の『ヨーロッパ建築序説』[註1]の序文において「自転車小屋は建物であり、リンカーン司教座聖堂は建築である」という印象的な一節を記し、機能のためだけの建物と美的な魅力が付与されている建築とは一線を画すということを暗示している。意味を持つ、そして良い建築のための必須条件には、建築要素の大きさ、尺度、内容において、ある比例のような関係が存在するようだ。小ささをひとつの切り口とした身近な建築に関しての議論は、このような見方から始まる。我々は、小ささとは単に大きさの選択だけではないということを再発見していくことになる。小さな家族住宅、すなわち私的な欲求の具現は、そこに住む個人の夢と建築家の創造的な能力とがどれだけうまく織り合い、人と自然とを関係づける建築を達成できるか、という特別な試みを行える数少ない領域のひとつである。

アレキサンダー・クライン[註2]はその著述の中で、労働者の住宅の地位を確立すべく努力してきた多くの20世紀の建築家の社会的関心について言及している。existenz-minimum(*)は主に、各種のパラメーター（日照、採光、換気、衛生設備等）の必要最小条件を充たすことにより、ある基準の居住性を獲得しようと試みた。

さらに時代をさかのぼると、キャサリン・ビーチャー[註3]は全く異なった社会的立脚点から、中流家庭の若い主婦のためのエッセイを著し、その中でより快適な生活のために小さい家を推奨した。大きな住宅の不便さを、「食卓、台所用品や家庭用品、冷蔵庫と居間とがお互いにあまりに離れ過ぎていて、一つのものを取りに行って使い終わった後に元あった場所に戻すために、あちらからこちらへ移動することで時間とエネルギーの半分が浪費されている」と記している。

本書のねらいは、existenz-minimumの功績（それはもちろん多大なものであるが）について書くことでも、快適性の分析に基づく最小限住宅について書くことでもない。それは、人々が幸せを追求する上で、住宅を決定的に重要な要因とするもっと描象的な側面に目を向けることにある。

　これらの側面は他のいろいろな建築に比べて最小限住宅において最も的確に読み取ることができる。それは、プログラムが単純である、施主と建築家との距離が近い、アイデアを出してから実現されるまでの時間が短い、意思決定や資金的な手続きが比較的簡素であるといった、その建築の性質によっている。これらの住宅は建築の多様な領域において、映画や小説における短編もの、あるいは造形美術における小品として分類される。そして同様に、「大きな兄弟」たちが持っていない多様な特質を表している。

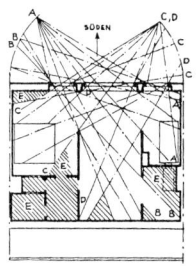

アレキサンダー・クラインによる
全日射と太陽光の最大限の
利用を示すダイアグラム

原始の小屋

　建築の歴史の中で、「住宅」の定義は多岐に及んだ。住宅を単に四面の壁と屋根にとどまらないものとして定義しようとした場合、繰り返し、象徴、神話、夢、そして幸福という言葉が使われた。歴史の中にその源泉を求めようとする定義には、シェルター、アボーデ、ハット、デンやキャビン、そして原始の建築、名もない建築やポピュラー（通俗的）な建築が言及される。原型の理念、最初期の住宅のアイデアは、多くの時代の評論家や建築理論家の思想にも現れているように、近代の建築家の思想にも提起されている。ジョセフ・リクワート[註4]が示すように、原始の小屋や人間の最初の家に対しての関心は偶然起こったものではなく、単に神話の一部をつくり上げるためでも通過儀礼でもなかった。源泉に立ち還ることは常に当たり前とされていることを見つめ直してみることにもつながる。原始の

チャンバースによる
原始の小屋と建築の始源

ロージェによる
建築と原始の小屋の具現

小屋は建物に興味を持つ人々全般に、そして特に小さな住宅に対して興味を持つ人には恰好のモデルを提供する。

　ウィトルウィウス[註5]は彼の著書の中の「原始の人間の生活と人間性、建物の根源とその発展」の章で、プリミティヴ・ハット（原始の小屋）は囲まれた炎に由来するとしているが、このように述べたのは——それ以前の書物が現存していないという理由も含めて——彼がおそらく歴史的に最初である。

　1678年に僧正フアン・カラミル・デ・ロブコヴィッツ[註6]は建築の起源について著述をし、さらに宣教師が収集した資料や旅行に関する書物を頼りにアメリカインディアンとエスキモーの住居についての考察をした初めての著述家のひとりとなった。

　1753年、マルク・アントワーヌ・ロージェ神父[註7]は理想的な「原始の小屋」の定義を示し、この単純な囲いを支える構造は柱であるべきで、間仕切りや外壁には荷重は掛かるべきではない、とした。

　17〜19世紀の理論家のほとんど、例えば、クロード・ペロー、フランチェスコ・ミリツィア、ジャック・フランソワ・ブロンデル、ウィリアム・チャンバース、アントワーヌ・クリソストーム・カトルメール・ド・クインシー、ゴットフリート・ゼンパー、ウジェーヌ・エマニュエル・ヴィオレ＝ル＝デュクあるいはジャン・ニコラ・ルイ・デュラン等は、建築の起源を語る際に原始の小屋についての

ミリツィアによる
原始の小屋とオーダーの起源

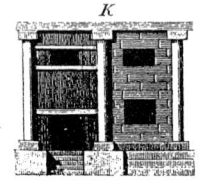

考察を行っている。このように、最初の建築表現のマニフェストとしての人間を保護する家に対する興味は、明確に存在している。

ポピュラー（通俗的）な建築

ポピュラーなあるいは無名の建築は、一般的な建築のモデルとして歴史上繰り返し取り上げられてきた。王妃マリー・アントワネットがベルサイユ宮殿の横に「アモー」を築造させたのも、このようなノスタルジアからであった。農業用建築物や風車などから発想を得たこの建物では、世俗的な宮廷の生活から逃れ、より単純でより「人間的」な生活のスタイルを楽しむことができた。このようにポピュラーな建築は、まるで形態的・美的ロマンティシズムを探求する領域として[註8]、あるいは写真映えのするアレゴリーに充ちた作法として、個人の小住宅を計画するに当たって常に関心が持たれていた。通俗的な志向の副産物としてのポピュラーな建築が、知識と人為的な要素の宝庫であり、必要性と資源不足という状況に直面した時にはより有効だった一方で、建築家による建築は、いくつかの私的なモデルとして利用されてきた。しかしながら、「文化としての建築」とポピュラーな建築とは相対立するものではない。ポピュラーな建築の領域のキャビンやハットの中に個人住宅のモデルを求めていった建築家も多く、結果としてできあがったものもキッチュなステレオタイプなものにはなっていない。マルセル・ブロイヤーとヴァルター・グロピウスによるチャンバーレインのコテージの場合を例にとれば、石造りの煙突を持つニューイングランド地方の住宅が、ティンバーの軸組を基にしたヴァナキュラーな構法の可能性をいかに彼らに次々と提示し、何げないプロポーションをしたこの住宅をアメリカ建築を代表するひとつの作品とし

イギリスの鉄器時代の住居の復元
建物博物館、ウォーセスター州エイボンクロフト

ベガバニアの住宅
カセレス（スペイン）、1954
ホセ・ルイス・フェルナンデス・デル・アモ

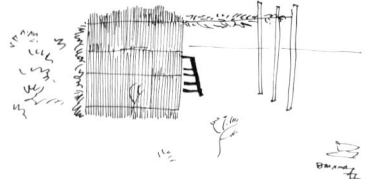

ギリシャの無名の小屋
アリス・コンスタンティニディスによる写真と画

キャビン・デレルバ
アルド・ロッシ、1975

ていかに成立させてきたか、理解することができる。60年代において、そしてクリストファー・アレグザンダーの記述や『建築家なしの建築』にほぼ沿うように、通俗的な建築は、一般の建築の中から出てくる問題について考察を行っていた建築家の間で特別な重要性を帯びていた。例えば、ケープ・スニオンにおいて最小限住宅を計画していた時のアリス・コンスタンティニディスは、ギリシャの無名の建物に影響を受けていたことは明らかで、熱心にそれらについての詳細な調査を行った[註9]。ポピュラーな建築は単に「手垢にまみれていない」拠り所とされただけではなく、小さな住宅を自分で建てるという憧れに勢いをつけることとなり、新しい喜びを提供すると考えられた。この喜びとは自らの空間のための壁を自らつくることによって得られる満足感に基づくもので、言い換えると自己充足による喜びである。それ以来、ポピュラーな建築はモデルとしての働きをしてきたが、そこで取り上げられる対象には変化が見られた。一般的なモデルやポピュラーな住宅の視覚的な価値の重要性が薄れていったのである。今日では、ヴァナキュラーな生産施設的なものが一般的なモデルとして影響を及ぼしている。80年代において、工業、畜産、あるいは農業の分野における建物から発想を得た個人住宅の例は数多くあり、「デザインなしのデザイン」のひとつの領域を形成している。

「ヒューマン・スケール」な建築

ル・コルビュジエが主張したように、住宅の壁によって規定された領域は人の身体の延長であり、完全な自由という幻想は、人間の身体と精神によってのみ到達することができる。住宅は武装した身体であり武器である。アルド・ロッシ[註10] は、小さな家、キャビンあるいは浜辺の小屋

はその場所や人によって形づくられたのであり、この私的で、身体や衣服の着脱等に関係する特別な性格を抜きにして、あるいは他の特質に置き換えて考えられるものではない、と主張した。個人の小さな住宅は、まさに身体を守るというその位置づけのために、建築における最もヒューマンな形態と言われてきた。それは親密で、他から切り離され、そして人を守ってくれる空間を提供してくれる建築である。

「ホームメード」ドーム
60年代終わりの掘っ建て小屋の町
トリニダード(アメリカ)

内に閉じ、外に開いたインテリア

これらの親密な空間は、他から切り離されそして人を保護しており、またあるプログラムに沿っていなくてはならない。個人の小住宅では空間が限られているため、異なった機能が空間の中にしばしば互いに重なり合う。客船のキャビンやキャンピングトレーラーを模したインテリアの例も数多くある。限られた空間を最大限使うために多くの知恵と工夫とが必要であり、ここから、折り畳むとベッドとして使用できるテーブルや収納を兼ねている腰掛け、ワードローブになっている厚い間仕切り壁、スペースをかせぐために段がずらされている階段等の多機能な家具のデザインへとつながっていく。ベルガモに建つピッツィゴーニ邸は、最後の1cm²までも有効に使い切ろうという意図が現れた、まさにこの好例である。断面図を見ると、下階の食堂の空間を確保するために屋根裏のベッドの下側がいかに巧妙に用いられているかが理解できる。

限られた空間の中に異なったいくつもの機能の組み合わせを成立させることは、知恵を働かせることにより可能であるが、異なった機能を単純に重ね合わせることは、閉所恐怖症を引き起こしかねない。これを解決するために、可動の間仕切りを用いたり内部空間を外部へも広げていく等という手法がよく採られている。ル・コルビュジエは彼の

ベルガモの最小限住宅(イタリア)のディテール
ピノ・ピッツィゴーニ、1946

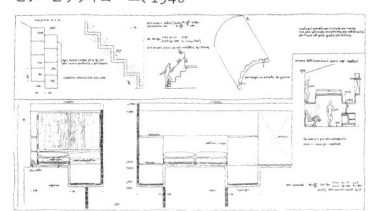

013

フィリップ・ジョンソン自邸
マサチューセッツ州ケンブリッジ(アメリカ)、1942

母の家のデザインにおいては、まず厳格な機能上のプログラムとして紛れもない「住むための機械」を定義した。次いでそれに対して62m²の空間の中に、応接部分の幅を14mまで広げることができるように格納ベッドと可動間仕切り壁を設け、湖の景色を見渡すことのできる長さ11mの窓が最大限生かされるような形態を与えていった。

　内部から外部へと続く空間的な流れをつくることは、単に内部空間を広く見せようというためだけではない。守るという住宅の性質が認識されるのは、まさに内部の延長としての外部を認識することによってである。小さな住宅はその住人に、まるで木立の中にバードウォッチングする人が潜むように、周囲の自然の風景に静かに参加することを許容する一方で、同時にその家が理想の世界を覗き込むのにふさわしい場所、「地上の楽園」となっていて、守られていると感じさせる。これら外部の世界への開口はさまざまで、例えばフィリップ・ジョンソンのケンブリッジの住宅のような大きなガラス窓であったり、ユージーン・リーバウトの住宅の透明なドームのような、要塞の覗き窓のようなものまである。

　したがって住宅には、外部の世界を取り込んだりあるいはそれに働きかけようという意思の実現と、守ることと快適性の確保という基本的な性能の実現という二分された考え方が存在している。この内向き／外向きという二重性は、時に建物の二種類のつくり方として現れてくる。すなわち、ひとつは閉鎖的な石造技術のような手法と、もうひとつは開放的で軽い木や金属を用いる手法である。フランク・ロイド・ライトによるセス・ピーターソンのコテージやカリフォルニアのエドワード・カリナンの住宅に、このふたつの手法を対比的にはっきりと見ることができる。さらには、例えば折れ曲がるシャッターがオーニングになるポール・

ルドルフのヒーリー邸や、簡単に開閉し、箱のようになってしまうクリスチャン・シリシによるイビザの家等のように、外装がこの二重性を表現しているものもある。

外装：自然と技術

以上に述べたように、個人の小住宅を評価する上で、それが建っている場所性、あるいは少なくとも建物とそれが建っている土地との関係性について考慮しないわけにはいかない。立地の選択は非常に重要な要素である。ほとんどの敷地が周りに何もないような理想的な場所にあったのは偶然ではない。アダムが楽園の中に彼の小屋を持っていたように、人それぞれのいくつもの地上の楽園が、個人の住宅を建てる場所として探し出されてきた。湖、林、川、岬や緑豊かな牧草地等がよく選ばれる場所である。

これらの「理想的な」立地での建築では、自然環境との融合を図ろうとするものから自然と人工物との対峙を持ち込もうとするものまで、様々な姿勢を目にすることができる。我々はロマンティックなレンズを通して、サンクローのル・コルビュジエの家を見ることができるし、厚い木の葉が二層目の屋根のように家を被っているルドルフ・M.シンドラーの住宅を見ることができる。エドゥアルド・ソウト・デ・モウラが手がけたバイアオの半分地面に埋まった廃墟の改修では、木々の葉が第二の表皮として覆い隠すのではなく、ランドスケープそのものがカムフラージュとなっている。

周囲のランドスケープに対して配慮や敬意を表していこうという姿勢は、時に全く異なった方向で現れる。例えばあえて住宅を人工的な建造物、珠玉の品としてデザインしていこうという例は数多くある。この場合最もよく用いられ、そして自然と人工との形態的対峙を持ち込むためのほ

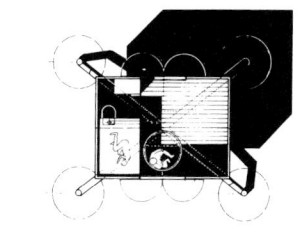

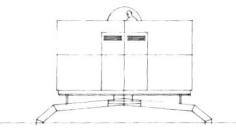

週末住宅
オールスト近郊（ベルギー）
ユージーン・リーバウト、1987-1988

ハリソン邸
コッチャー&フライ、1935

とんど必然的な方法は、住宅をオブジェとして扱うために地盤から持ち上げることである。これは一方で手付かずの周囲の自然にできる限り影響を及ぼさないことを念頭に置いており、その建て方にはいくつかの方法がある。1935年、アルフレッド・ローレンス・コッチャーとアルバート・フライはハリソン邸を支柱を立て持ち上げた。1950年にはミース・ファン・デル・ローエがファンズワース邸を地面から浮き上がったものとして構想し、建てている。マルセル・ブロイヤーとヴァルター・グロピウスは1949年、チャンバーレインのコテージを大きな石造の壁の上に設置した。多くの建築家が建物を地面から浮き上げるためにさまざまな手法を試みた──ポール・ルドルフ、アルネ・ヤコブセン、ハリー・サイドラー、グレン・マーケット、ジェームズ・ジョーンズ、ジャック・ヘルツォーク&ピエール・ド・ムーロン、そしてユージーン・リーバウト等、名前を挙げればきりがない。これは単に建築が介在する領域を明確に記そうという意志の現れ、すなわち建物がどこで始まりどこで終わるかをはっきりとさせるためだけでなく、起こるべき危険に対して楯となる守られた空間を樹上住居と同様の方法でつくることで、親密さと安心を与えようとした結果でもある。時として、これら周囲の環境にとってみれば異物である人工物は、地面から浮き上がってではなく、天から降ってきた隕石のごとく地面の中に埋め込まれたように設置されることもある。これは、ノーマン・フォスター（チーム4）のコックピットの例であるが、トーチカや飛行機事故の残骸を思い起こさせたり、あるいはポール・ヴィリリオ [註11] が要塞について述べたように、この時代においては何か時代錯誤的なものである。平和な時代にあって、まるでサバイバルマシンのように見えるし、座礁した潜水艦のようでもある。

ファンズワース邸
ミース・ファン・デル・ローエ、1945-1950

本書での20世紀の個人住宅のセレクションは、限定的で、不完全であり、包括的なものではない。ここでの選択は、1920年代から今日に至るまでのさまざまなアプローチを提示しようという意図からなされており、繰り返し掲げられるテーマの存在を示そうとしたものである。これらの「小品」の作者たちはほとんどが今世紀の建築における巨匠たちであり、彼らの作品は若い世代の建築家たちによってさらに発展、補足されている。彼らの出身国や文化的背景はさまざま（ヨーロッパ、アメリカ、アジア、オセアニア）であることからもわかるとおり、個人住宅に対しての関心は人間の深い部分からくる基本的な衝動に根ざしているという意味において普遍的なものであり、それが多少なりとも地域性から発生したものではないことを物語っている。

　プロジェクトは四つの指標に沿って分類されている。それらは、アッセンブリー、フレーミング、サイティングそしてカムフラージュであり、この分類はある意味でこの序文の結論となる。これらある意味で恣意的な指標はそれぞれの場合の最も重要な性質を表している。「アッセンブリー」はほとんどが木造のもので、ひとつの建築の種類である。「フレーミング」はより伝統的な構法が採られているもので、ある領域を仕切る、あるいは特定の景色を切り取ることに主眼が置かれているものである。残りのふたつの指標「サイティング」と「カムフラージュ」は、自然と人工物との関係性における操作の仕方に焦点を当てているものである。

要塞、ポール・ヴィリリオ撮影

＊existentz-minimum
生活の最低基準。「シビル・ミニマム」という人間として社会的文化的生活が営める最低水準のことを指す言葉があるが、居住環境についてのそれを意味する概念。

註

1 Pevsner, Nikolaus. *An outline of European Architecture*. Penguin Editions, 1943.（ニコラウス・ペヴスナー『新版ヨーロッパ建築序説』小林文次+山口廣+竹本碧訳、彰国社、1989）

2 Klein, Alexander. *Lo studio delle piante e la progettazione degli spazi negli alloggi minimi: scritti e progetti dal 1906 al 1957*. Mazzotta, Milano, 1975.

3 Beecher, Catherine and Harriet. *The American Woman's Home*. J. B. Ford, New York 1869.

4 Joseph, Rykwert. *On Adam's House in Paradise. The idea of the primitive hut in architectural history*. MIT press, 1981.（ジョセフ・リクワート『アダムの家——建築の原型とその展開』黒石いずみ訳、鹿島出版会、1995）

5 Vitruvio, M. *Vitruvius per Jucundem solito Castigator factus*, Venezia, 1511.（『ウィトルーウィウス建築書』森田慶一訳註、東海大学出版会、1979）

6 Caramuel de Lobkowitz, Juan. *Architectura civil Recta y Oblicua considerada y dibxada en el templo de Jersalem*. Vigevano, 1678. Madrid, Turner Ed.

7 Laugier, Marc-Antoine. *Essai sur l'architecture*. Paris, 1753.（マルク=アントワーヌ・ロージェ『建築試論』三宅理一訳、中央公論美術出版社、1986）

8 Fernandez Alba, Antonio. *La arquitectura de los margenes*. Sumarios 38, Buenos Aires, 1979.

9 Konstantinidis, Aris. *God-built. Landscapes and houses of Modern Greece*. Crete University Press, Athens, 1994.

10 Rossi, Aldo. *A Scientific Autobiography*, MIT press, 1981.（アルド・ロッシ『アルド・ロッシ自伝』三宅理一訳、鹿島出版会、1984）

11 Virilio Paul. *Bunker Archeologie*. Les Editions du Demi-Cercle. Paris, 1991.

ASSEMBLY

アッセンブリー

Rudolph M. Schindler

Gerrit T. Rietveld

Le Corbusier

Kristian Gullichsen

Gerald Maffei

Herzog & de Meuron

Cristián Cirici/Lluís Gascón

Architrope

Sverre Fehn

ASSEMBLY
Rudolph M. Schindler

ルドルフ・M. シンドラー

A.（ジセラ）・ベナッティのための小屋
カリフォルニア州レイクアローヘッド（アメリカ）
1934-1937

Cabin for A.(Gisela) Bennati
Lake Arrowhead, California (USA)
1934-1937

　湖に程近い松林の中の小住宅である。陸屋根を持つ既存の建物の上に、三角形のポーティコの構造体が建てられた。まさにこの三角形のポーティコが、この建物の内部空間を規定し性格づけている。シンドラーはそれらを空間をつくり出すための重要な要素として用いており、構法によって建築空間を探求していこうという彼の思いがここに反映されている。木の扱いや構造部材のジョイント部分から感じられる心地良さは、この構造体の構成に現れている。

　床に段差を持つリビングルームは小屋の片側に置かれ、その壁の1面は全面ガラスである。切妻のもう一方は林に向かって伸びている。

　この住宅のためにデザインされた家具は、この住宅自身との多くの共通点を持つ。机、長椅子やダイニングテーブルはポーティコのAの形をした構造の斜材と平行に設置されている。机は小屋自体の構造に支えられており、一方の形が変われば他方もそれに応じて変化する。椅子の脚はポーティコと同じ幾何学形態である。また家具と建物には同じ材料が用いられている。

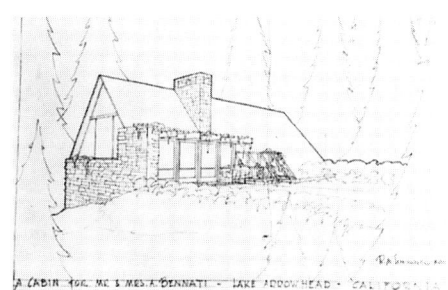
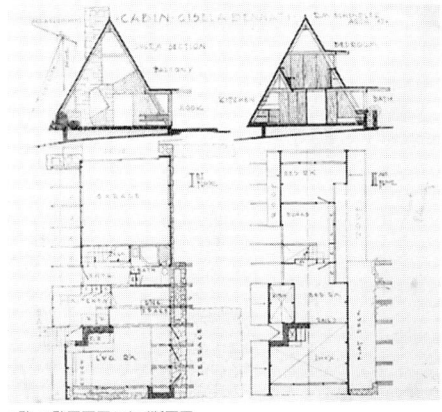

1階、2階平面図および断面図

Rudolph M.Schindler **021**

ASSEMBLY
Gerrit T. Rietveld

ヘリット・T. リートフェルト

プロトタイプ
(T. シュローダー＝シュレーダーと協同)
1937

Prototype
(with T.Schröder-Schräder)
1937

　リートフェルトが1934-35年にデザインしたD.ファン・ラーフェンスタイン・ヒンツェンとJ.ハーレンストロームのための住宅は、明らかにあるアイデアの原型であった。すなわち、「既製品（レディメイド）」の家として扱うことのできる、家具をも含んだ量産型の木造住宅をデザインすることである。これは当時としては独創的な発想であった。

　この計画には周到な準備がなされた。広告が貼り出され、小冊子も印刷された。プロトタイプは1937年秋、ユトレヒトで開催された展示会で発表された。建設から仕上げまでを含み1000ギルダーの資金で、だれでも小さなサマーハウスの持ち主になることができる、というものであった。追加のサービスとして、建物の建築許可の取得手続きを行うことも用意されていた。展示会には対角7.4mの十二角形の平面形を持つモデルがひとつ展示されていた。これに加えて、対角5mの八角形の平面形を持つモデルも注文に応じることができた。大きいモデルは、居間、シャワー付きの寝室、キッチンを備え、6人が寝泊まりすることが可能であった。

　リートフェルトは、全面を窓に囲まれた心地の良い小空間を実現したわけである。しかし、この住宅は大きな話題とはなったものの、結局実際に建てられることはなかった。恒久的ではない構造物を建築規制が認めなかったのである。

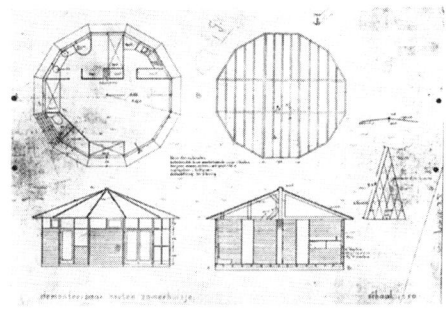

十二角形モデルの平面計画、床スラブ、立面、および断面の実施図

ASSEMBLY
Rudolph M. Schindler

ルドルフ・M. シンドラー

エレン・ジャンソンの家
カリフォルニア州ハリウッドヒルズ(アメリカ)
1949

House for Ellen Janson
Hollywood Hills, California (USA)
1949

　この住宅の施主であるエレン・ジャンソンは、シンドラーとの初対面を次のように記している。
　私はいつも空に住みたいと思っていた。そして私はひとりの建築家に出会った。彼は言った。「くもの巣の住宅はいかがですか？」と。
　私は答えた。「ええ。空を全く隠すことがないから、気に入ると思いますわ。でも、どのようにくもの巣を張るんですか？」
　「空のフックにかけるのです」と彼は答えた。
　急峻な傾斜地に建てられたこの小さな住宅は、構法を基本として建築の解法を追求していったシンドラーの業績の中でも、ひとつの鍵となる作品である。構造はすべて木造で、さまざまな部材が非常に単純明快に組み上げられており、その様子は模型写真と実際の完成写真を比較しても理解できる。高窓で用いられている半透明なグラスファイバーパネルも、彼の建築の最も重要な要素、すなわち構法を理解した上で用いられており、それによりこの建築は特別な流動感を獲得している。

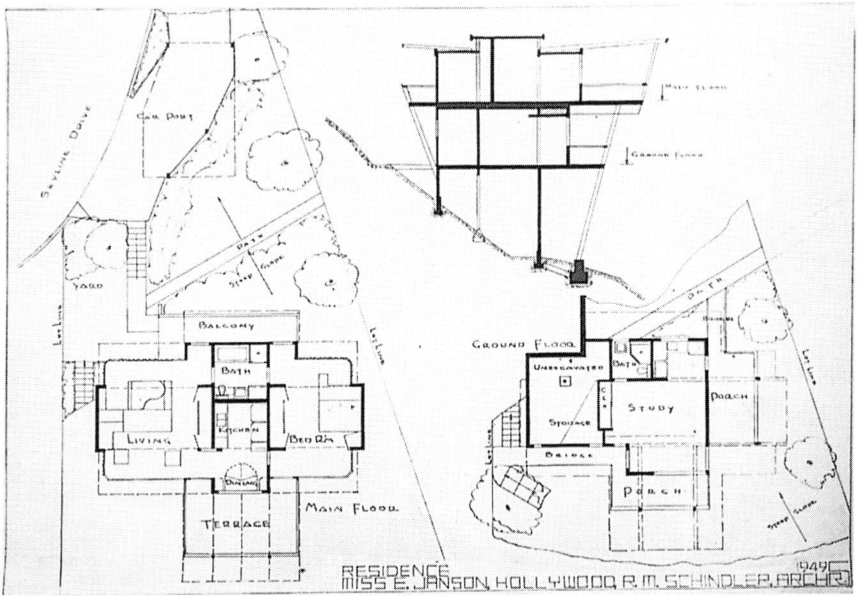

完成写真、模型写真、1階、2階平面図および断面図

Rudolph M.Schindler **025**

ASSEMBLY
Le Corbusier

ル・コルビュジエ

カップ・マルタン
ロケブルン(フランス)
1950

Le Cabanon, Cap Martin
Roquebrune (France)
1950

　この16m²の住宅は、ル・コルビュジエが妻への誕生日の贈り物としてデザインしたものである。

　ひと部屋だけからなるこの住宅は、荷物や釣り竿を広げてもふたりが(別々のベッドで)寝ることができる広さを持つ。ここでは洗濯したり、夏の暑さや冬の雨をしのぐことができた。読書にふけったりじっくりと文章を書いたり、好きなだけ絵を描いたりすることができ、その上すばらしい景色を楽しむことができた。

　住居部分は隣接する既存の建屋との関係から規定され、導入部分(70×366cm)と居室部分(366×366cm)に分割されている。この部屋は機能に応じて三つの領域に分割されている。すなわち、奥の部分が休息の領域、入口横の中央部が動線、そして手前が居間となっている。

　この住居部分を領域分けしているのは家具(椅子、テーブル、ベッド……)である。正方形の平面形から伸びる基準線が、外部と内部をらせん状に結び付けている。玄関ホールがこの動きの源となっている。270度の角度に正確に沿いながら窓を配置し、様々な景色を提供する。このらせん状の配置によって、内向き／外向き、集約的／発散的という、この小住宅の二重構造を獲得している。

東立面　ル・コルビュジエが色をつけた内部シャッターをもつ開口部

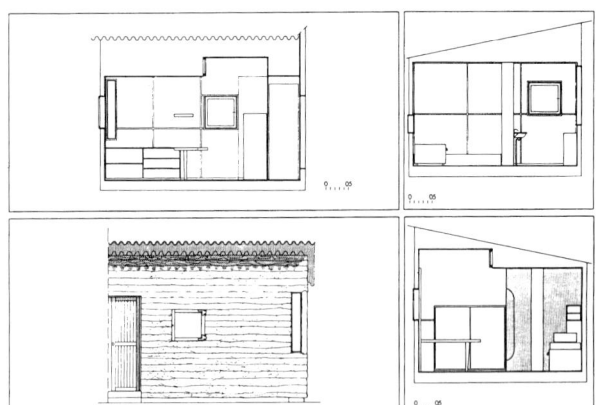

建築許可申請のためのオリジナルの
平面図、断面図、立面図

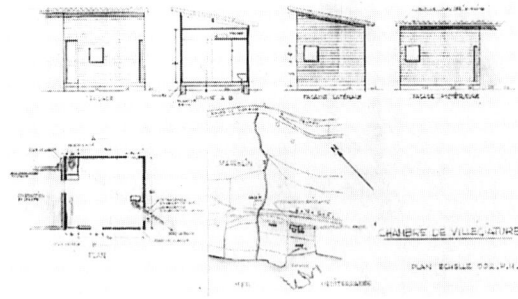
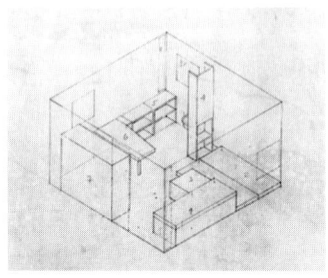

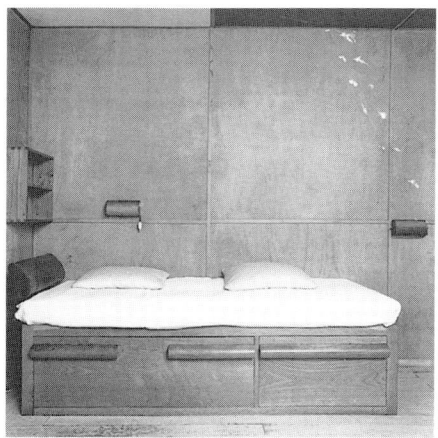

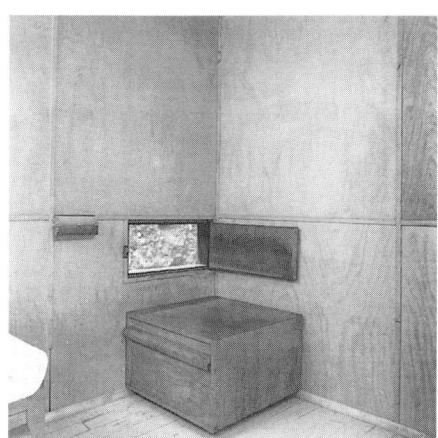

書斎・居間領域と休息の領域

Le Corbusier **029**

ASSEMBLY
Kristian Gullichsen

クリスチアン・ガリクセン

モデューリ実験建設システム

フィンランド
1968-1973
ユハミ・パラスマアと協同

Moduli, experimental construction system
Finland
1968-1973
In collaboration with Juhami Pallasmaa

　モデューリがデザインされた時期には、多くの尊敬すべき建築家たちが「セルフビルド」を試み、標準化された部品、大量生産、そして国際的な流通を念頭に置いた住宅に可能性を見いだしていた。こうした夢の背景には、どちらかというとナイーブな技術への信奉と、国際的な建築言語があった。ベビーブームによって急激に浮上してきた社会的・美的混乱を、それらで整理することができると思われていた。

　このヴァージョンは実験の初期段階と見なされており、これにより問題のいくつかが解決されるであろうと考えられていた。当初この計画は、制約や法的規制をできるだけ避けるために、週末住宅として考えられていた。1969-71年の間に60戸の住宅が生産され建設された。計画の、技術的・建築的側面での見通しは明るかったが、生産における資金面での合理性に欠け、結果的に中止された。

Kristian Gullichsen **031**

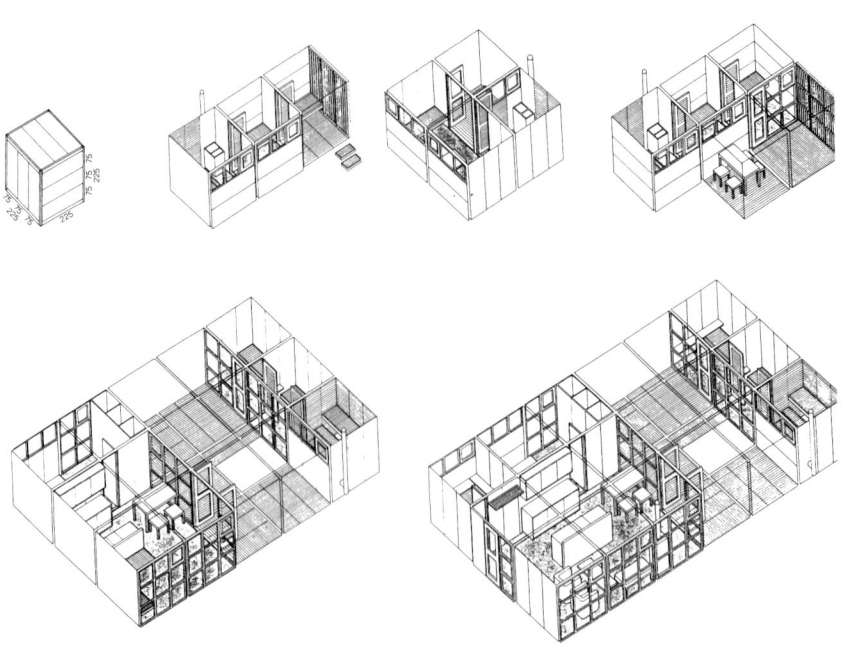

032 ASSEMBLY

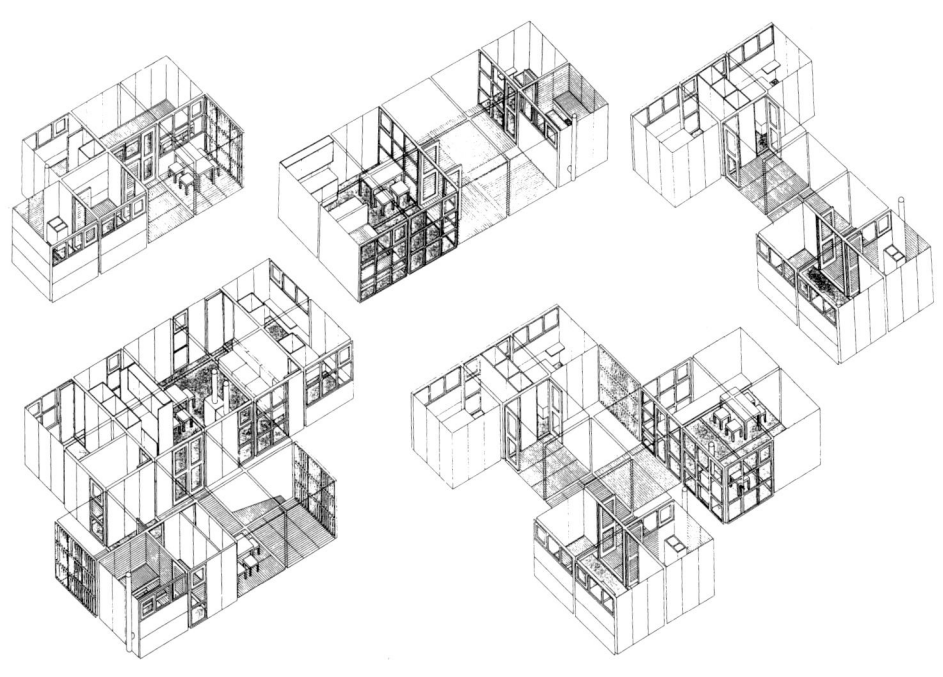

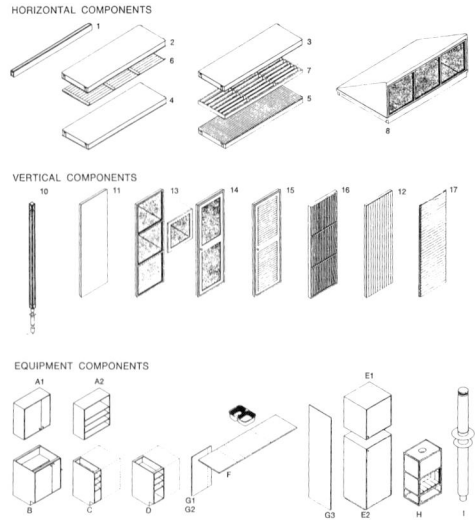

HORIZONTAL COMPONENTS

VERTICAL COMPONENTS

EQUIPMENT COMPONENTS

034 ASSEMBLY

Kristian Gullichsen

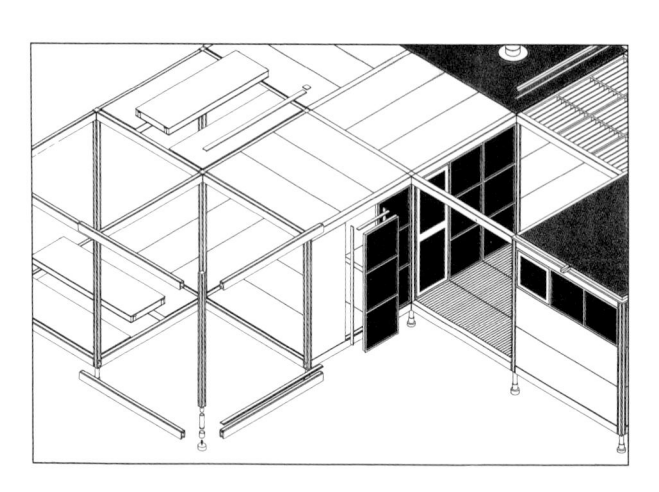

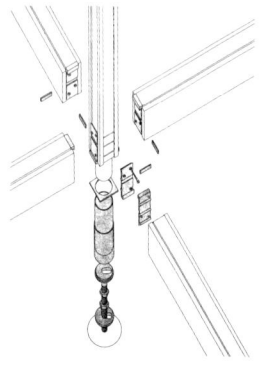

036 ASSEMBLY

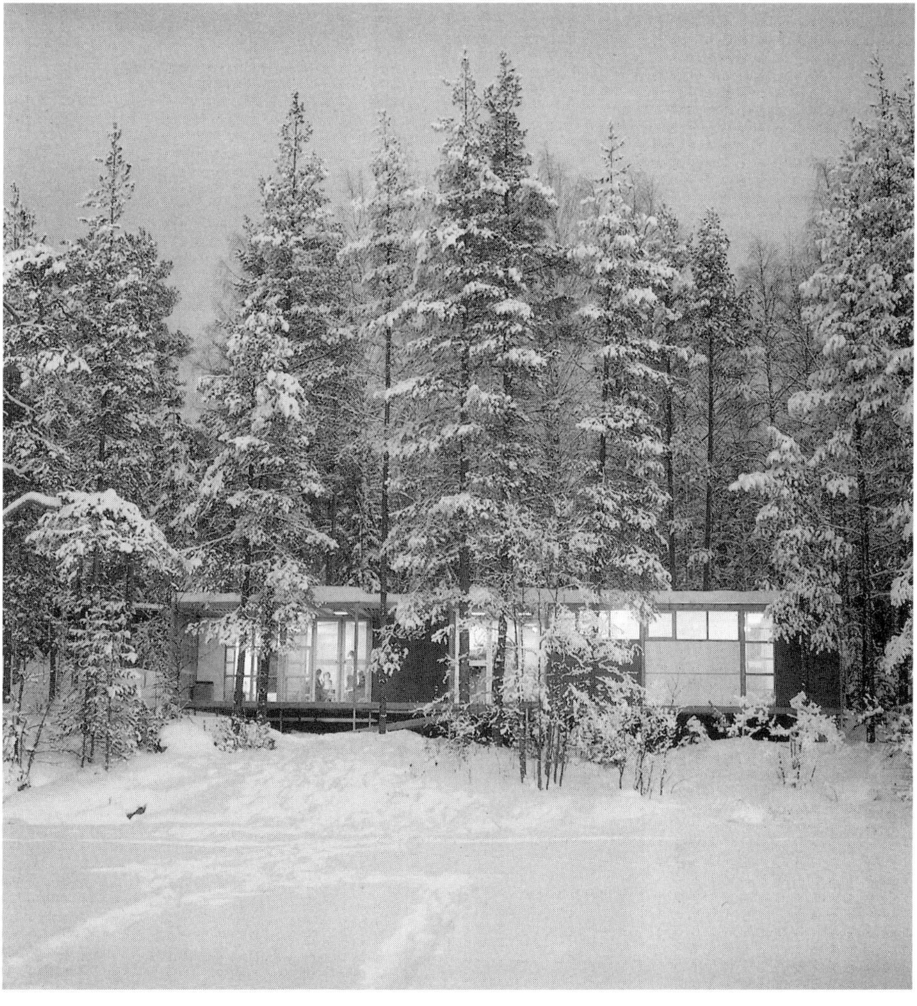

ASSEMBLY
Gerald Maffei

ジェラルド・マッフェイ

ティン邸

テキサス州ブライアン(アメリカ)
1981-1982
コンサルタント:L. ディーゲルマン

Tin House
Bryan, Texas (USA)
1981-1982
L. Degelman, consultant

　マッフェイは、この住宅に周辺の建物と融和するように、背の高いペディメントをデザインに持ち込んだ。そして他の住宅同様に、非常に明確な入口を備えている。建物全体を完全にガルバリウム鋼板で包んでしまおうという発想は、近くを通る鉄道から得たものであった。工業的な言語と住宅的な言語とを併せもっているこの住宅には、双方の表現が半々に見え隠れしている。

　ここで用いられている材料は、日用品店でも手に入りそうなものばかりである。それらは廉価で機能的で、粗い仕上げのままになっている。配管や配線、エアコンは完全に露出されており、そうした表現はキッチン回りでさらに顕著である。シンクはふたつのブラケットに支えられ、木製の窓の額縁に釘で止められているだけである。寝室へは金属のレールに吊された合板の扉を通って出入りする。窓の位置はあらかじめ決められていたのではなく、工事の最中現場で決定された。

　配置の変更可能な壁により透視図法的な効果がつくり出され、窓の配置やスライディングドアにより外部環境へと開くことが可能になっている。豊かな空間がこの小さな家を満たしている。

Gerald Maffei

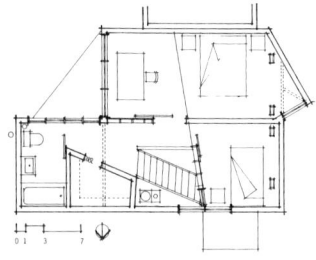

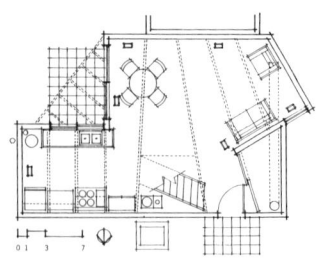

1階および2階平面図

Gerald Maffei **041**

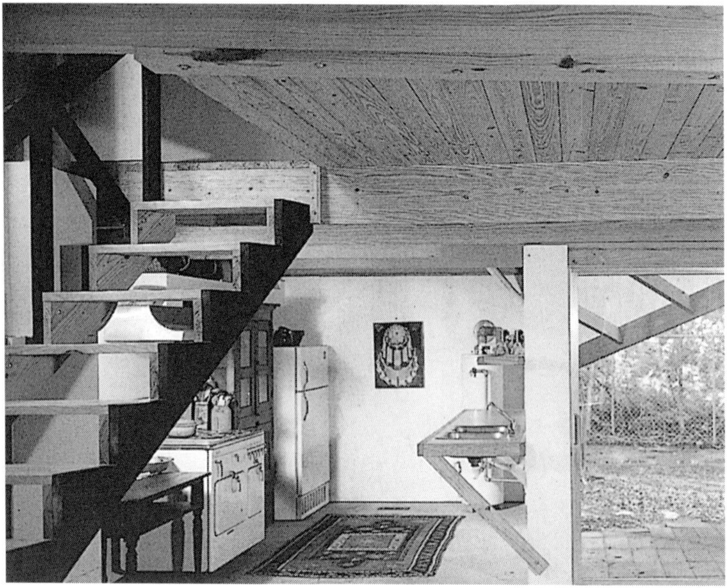

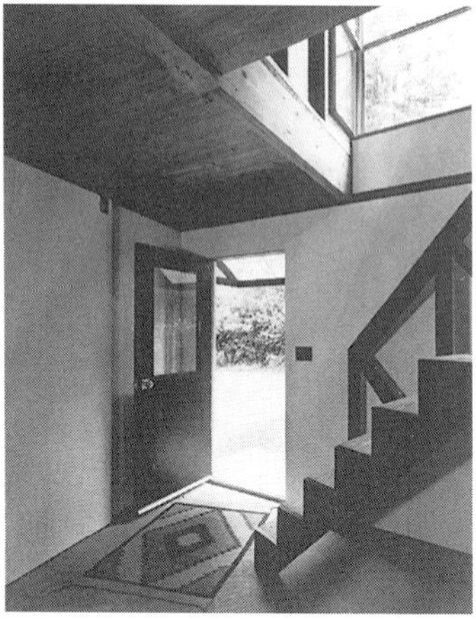

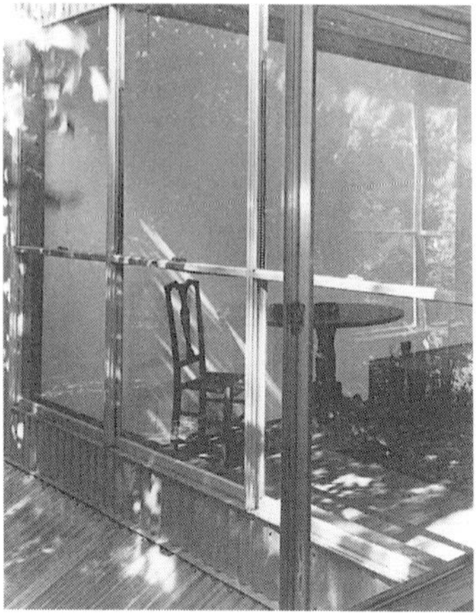

Gerald Maffei

ASSEMBLY
Herzog & de Meuron

ヘルツォーク&ド・ムーロン

合板の住宅
ボットミンゲン(スイス)
1984-1985

アシスタント:レネ・レヴィー

Plywood house
Bottmingen (Switzerland)
1984-1985
Reneé Levy, assistant

　合板を用いたこの建物は、広い庭の中に建てられている既存の住宅への増築である。住宅であり同時に小さな人形劇場でもあるこの建物には、道路に直接つながる出入口も設けられている。この住宅は合板を用いてまるで楽器や家具と同じようにつくられた。屋根、一番大きな部屋、構造体は、明確に分節化されている。合板は、内装、仕上げ、そしてシャッターにも用いられている。

　南面のファサードの横には大きな桐の木があり、建物をつなぎ留めるかのように全体を分割しがたい形状として見せるはたらきをしている。

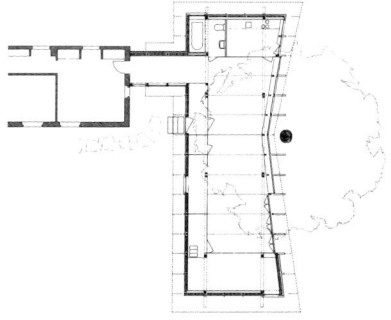

Herzog & de Meuron **045**

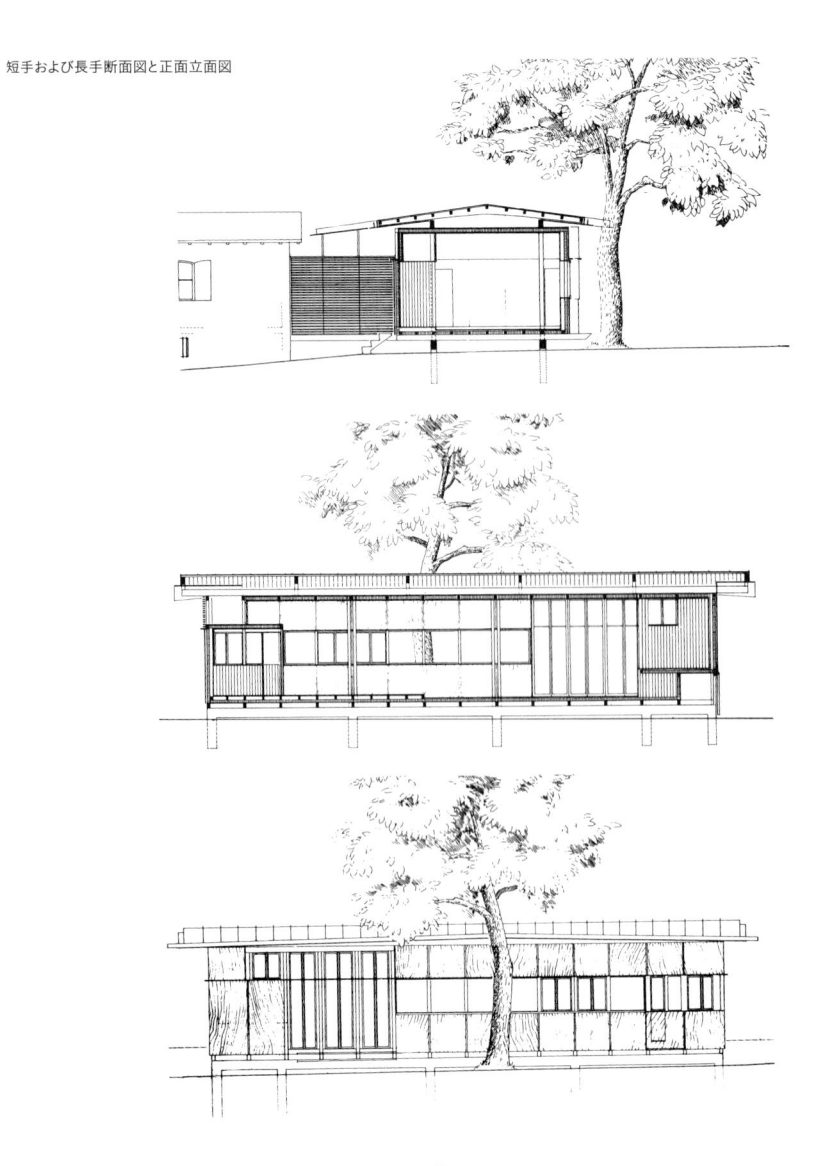

短手および長手断面図と正面立面図

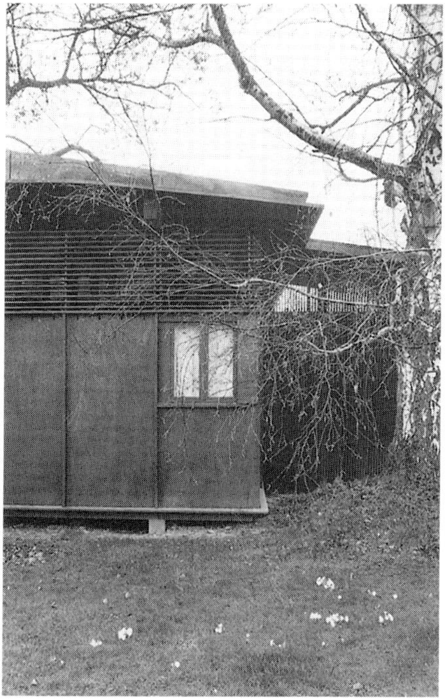

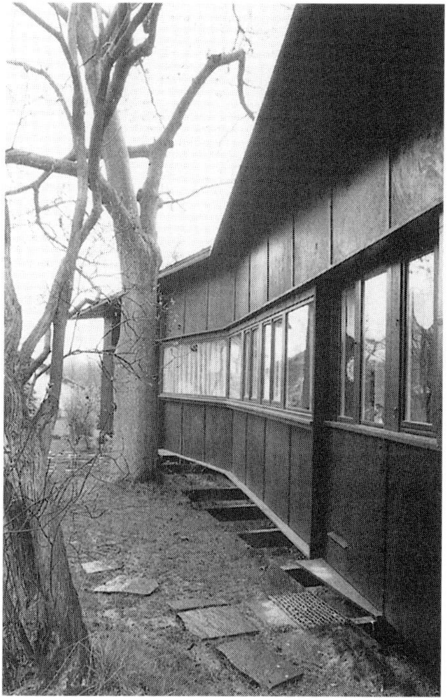

Cristián Cirici/
Lluís Gascón

クリスチャン・シリシ／ルイス・ガスコン

サンミケールの住宅
イビザ（スペイン）
1985

Refuge-house in Port de Sant Miquel
Ibiza (Spain)
1985

　クリスチャン・シリシが当初、魚釣りと海の大好きなある家族のためにこの計画を始めた。その後ルイス・ガスコンが計画を発展させ、このアイデアに魅せられた彼自身が建てることとなった。

　擁壁のようなこの小屋は、陸屋根を持ち、小石が屋根の防水層を保護している。長方形の外形は背部でわずかに折れ曲がり、玄関となっている。インテリアはまるで木造船のようで、船の肋材が梁に、胴体材が仕上げになっている。海に面する窓に設けられた木製のシャッターは水平の位置まで引き上げることができ、テラスに日陰をつくり出す。

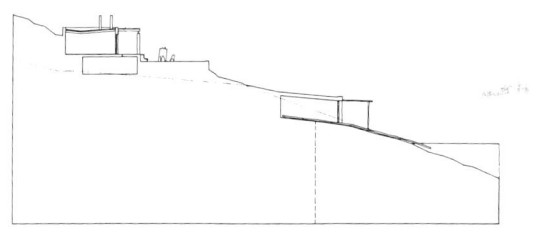

敷地断面図

Cristián Cirici / Lluís Gascón

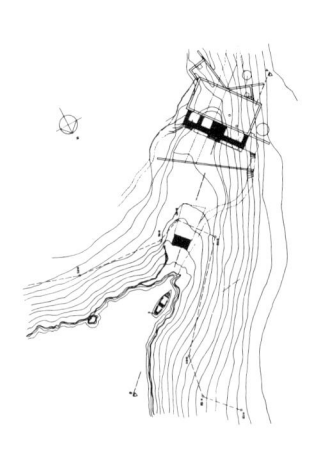

配置図および1階平面図

050 ASSEMBLY

Cristián Cirici / Lluís Gascón

ASSEMBLY
Architrope

アーキトロープ

**(アンドリュー・ビショップ・バートル &
ジョナサン・クリッシェンフェルド)
住宅とスタジオ**
ニューヨーク州キャナーン (アメリカ)
1989-1990

**(Andrew Bishop Bartle &
Jonathan Kirschenfeld). House and studio**
Canaan, New York (USA)
1989-1990

　ある芸術家のための夏の家であるこの住宅は、丘陵の小高い牧草地に建ち、北向きの景色を最大限取り込んでいる。この辺りには1840年頃、グリークリヴァイバルやネオクラシカルな様式の建築とともに人々が移り住んできた。平面はふたつに分割され、中央のパティオを介してふたつの同じヴォリュームを持った建物からなっている。この構成は典型的なニューイングランドの村の都市的なアナロジーであり、トーマス・ジェファーソンの大学町の記憶から喚起されたものである。両側をポーチで挟まれた中央のパティオは、ここでの「都会」の領域と考えられる。この領域の北側に立っている柱で囲まれた空間は、町と田舎との間の中間領域として機能している。建物の北側にはふたつの外部ポーチがハンモックのように屋根からぶら下がっている。

　双子の建物からなるこの住宅のデザインは、タイポロジーと機能の修辞的な表明と捉えられる。このふたつの建物は他の用途にも使用することができよう。学校や診療所としてもよいだろう。パティオを伴った都市的なタイポロジーは依然として残るであろう。それが手近なモデルから距離を置き、コロニアルな計画をモデルとして「処女地」に住むための方法を探った、この住宅へのアプローチなのである。

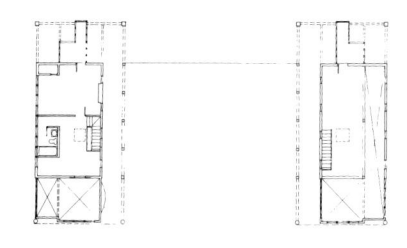

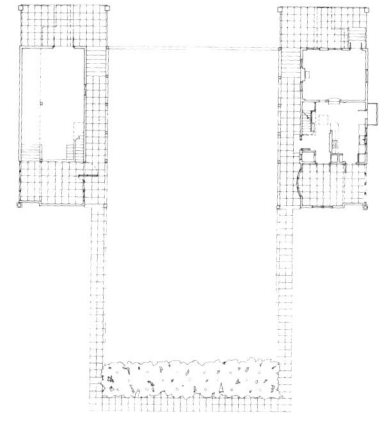

1階および2階平面図

Architrope **053**

054 ASSEMBLY

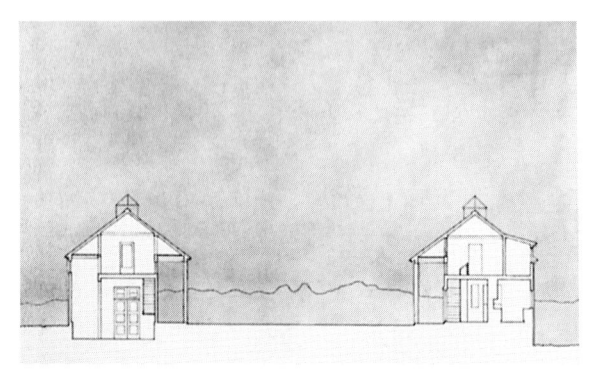

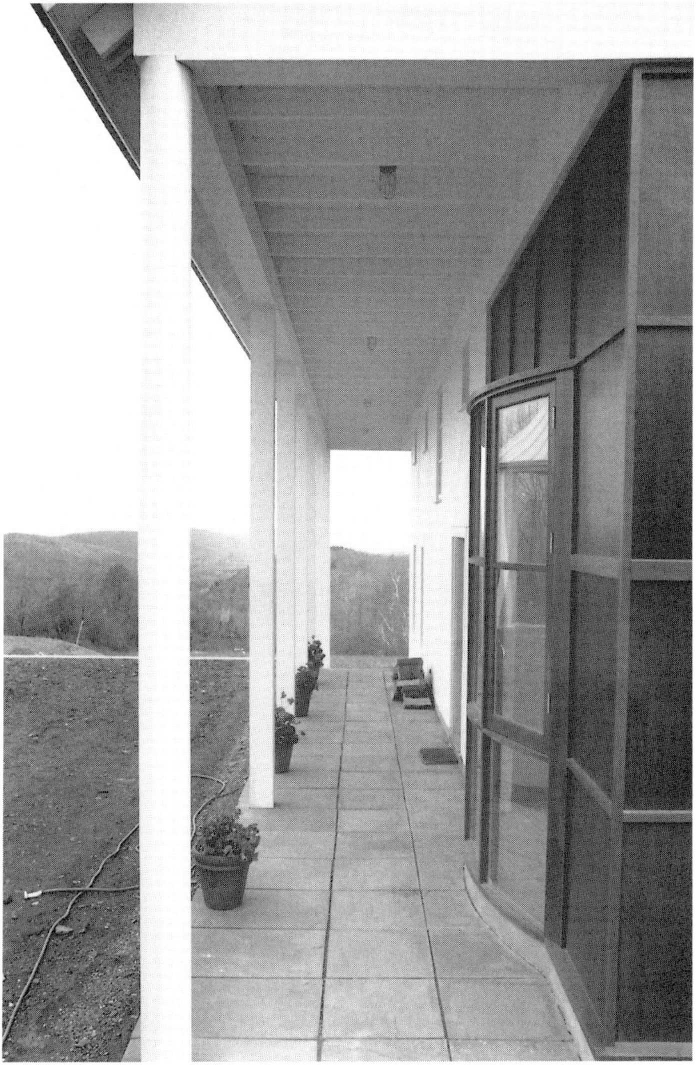

ASSEMBLY
Sverre Fehn

スヴェレ・フェーン

実験住宅

モーリツベリマノル、ノルコポン（スウェーデン）
1992

協働者：エンリック・ヒル

Experimental house
Mauritzberg Manor, Norrkoping (Sweden)
1992
Henrik Hille, collaborator

　1992年夏、ゴルフコースとホリデーセンターを持つモーリツベリマノルの住宅地の一角に、週末住宅のプロトタイプが建てられた。このプロジェクトには50〜150m²、10種類約250戸の住宅の建設が想定された。建てられたプロトタイプは52m²の床面積を持つものであった。周辺部の壁によって周囲の環境から切り離された住宅は、長手方向に透明性を持ち、その一方をゴルフコースに、他の一方を楢の林に向けて開いている。この風景は木製のベネチアンブラインドで見え方を調整できる。ベッドルームと居間とを結ぶ中ほどのパティオは、外部と内部を適度に融合させているだけでなく、青空の下での閉じられた空間も実現させている。

　この建築家は天然の建設材料を選択している。壁には藁と敷地から掘り出した小量の粘土を混ぜ合わせてつくったブロックが用いられた。左官材は天然の粘土で色付け仕上げられた。木製の屋根は15mm合板の二重張りでできている。

　この住宅は主にフィンランドやラトビア、スウェーデン、ノルウェーから来た建築学生の手によって8週間で建設された。

壁工事のための藁と粘土のレンガの製造、
粘土は敷地から採取

Sverre Fehn

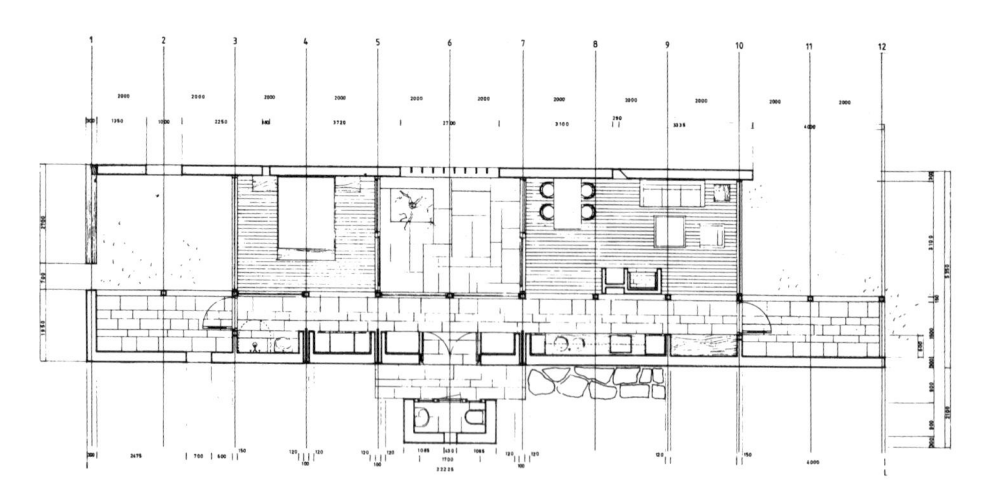

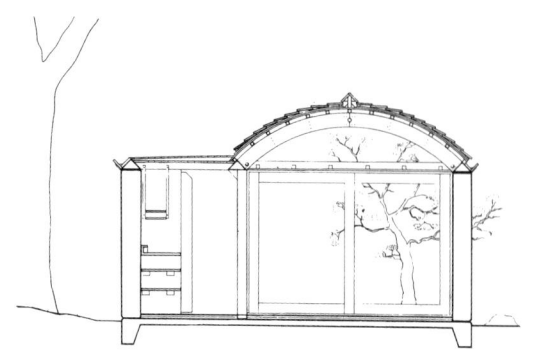

1階平面図および断面図

Sverre Fehn

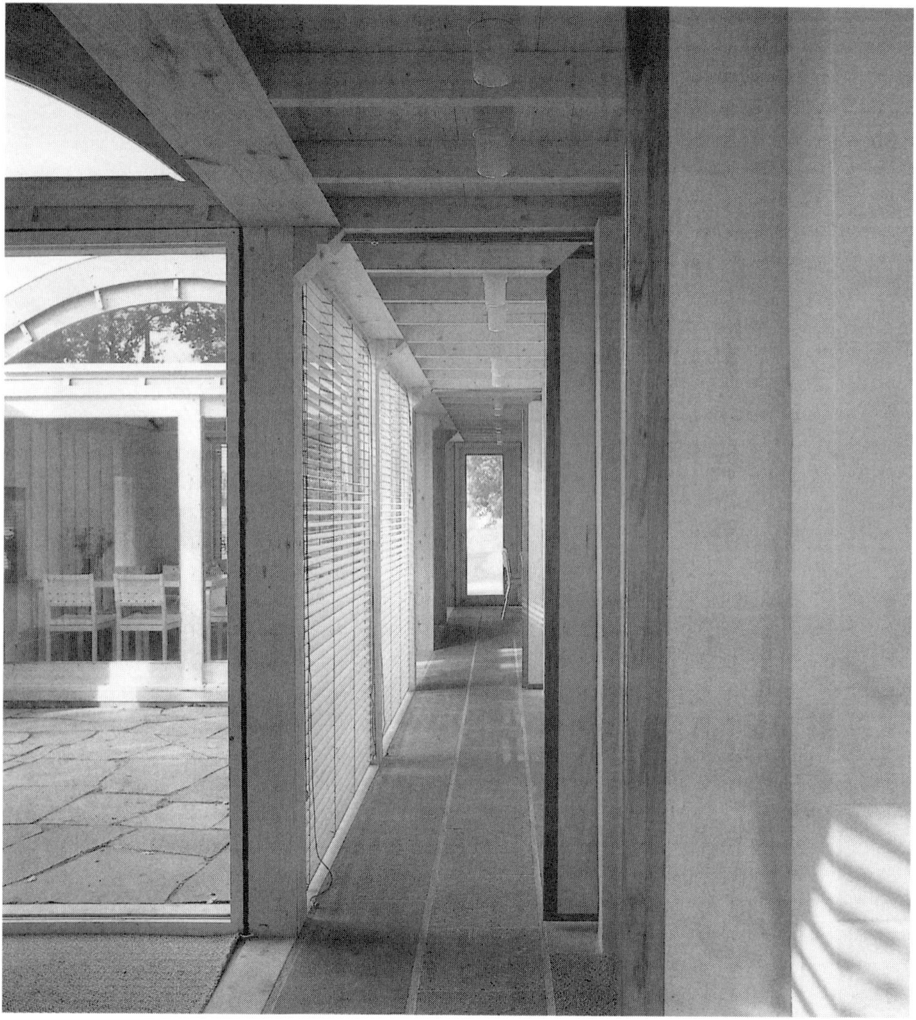

F R A M I N G

フ　　レ　　ー　　ミ　　ン　　グ

Le Corbusier

J. J. P. Oud

J. Ll. Sert / J. Torres Clavé

Gio Ponti

Philip Johnson

Pino Pizzigoni

Edward Cullinan

Peter Willmott

FRAMING
Le Corbusier

ル・コルビュジエ

ヴィラ・ル・ラック
コルソーヴェヴェイ(スイス)
1923

Villa Le Lac
Corseaux-Vevey (Switzerland)
1923

　この小さな住宅は1923年、ル・コルビュジエの両親のために建てられた。彼の母親は1960年に100歳で亡くなるまでこの住宅で暮らしていた。

　コルビュジエはまさに「住むための機械」の理論に沿って厳密に平面を決定した。そして通常とは逆の手順で、まず平面をつくり上げて、その後に敷地を訪れた。結果、計画地と隣地との関係、および建築上の厳しい規制により、当初のアイデアを変更せざるを得なくなった。62m^{2}の床面積のこの住宅は、湖を見下ろす長さ11mの窓をもつ。応接スペースは14mの長さをもつ。可動間仕切りや格納可能なベッドにより、ゲストルームを必要に応じて設定することができる。

　彼の母親の言葉を借りるなら、「私たちの家は、その設計者と同じように複雑ではありません。息子は実直で誠実、恥ずかしがりやで明瞭でしかも寛大です。彼は健康な心を持ち、生きることが大好きなのです。我々の家もそうなのです。太陽、光、湖、そして山々への愛に満ちているのです」。

Le Corbusier **063**

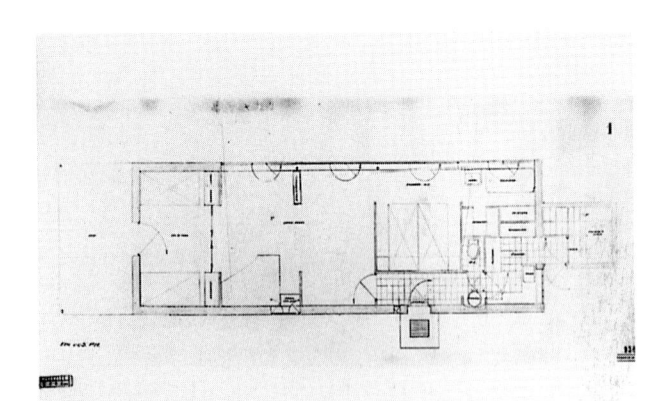

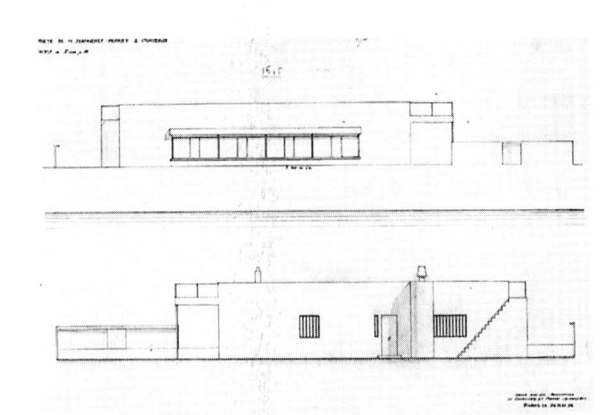

1階平面図および正面・背面立面図

Le Corbusier **065**

FRAMING
J. J. P. Oud

J. J. P. アウト

ベイ社製週末標準化住宅
レネッセ(オランダ)
1933 計画案

Standardised holiday homes by Beye & Co.
Renesse (Holland)
1933 Project

　市街地から少し離れた場所で、労働者のexistenz-minimum（p.8参照）とは異なった文脈において、アウトは最も基本的な週末住宅を標準化するという課題に直面した。これは幾何学的、図像的な構成に基づいて煙突を持つテラスハウスのファサードをスタディするにはひとつの格好の機会で、彼としては初めてL型リビングのタイポロジーについて研究したものである。煙突という要素は住宅のシンボルであり、この小さな住宅において特に重要な意味を持つ。この計画のために水彩で描かれた絵には、いくつもの要素（太陽、空、花）が強調され、それはまるで夢の中の「牧歌的」な環境に置かれた小さな住宅のようである。

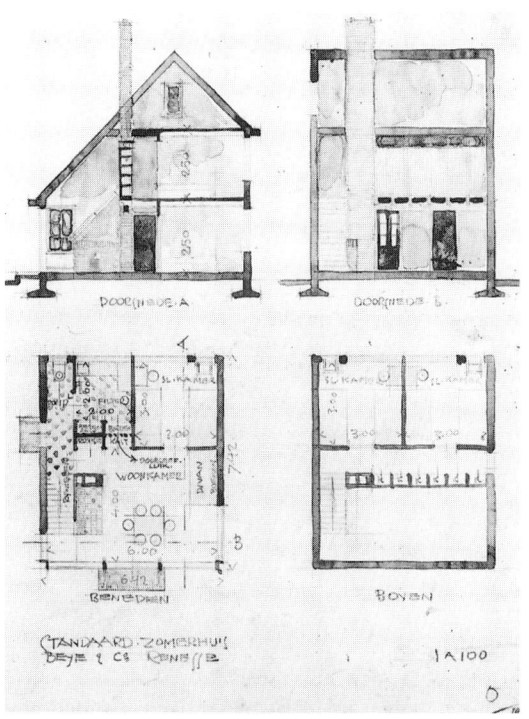

1階、2階平面図および断面図

FRAMING
J. Ll. Sert/J. Torres Clavé

ホセ・ルイ・セルト／J. トレス・クラーヴェ

ガラフの週末住宅
バルセロナ（スペイン）
1935

Week-end houses in Garraf
Barcelona (Spain)
1935

　これは最小限住宅の集合で、海の家と短期滞在用の住宅である。構成はいくつもの長方形プリズムの関係に基づいており、これに（煙突やシャワーを配置するための）曲面の空間を加えることで、同じ原則に従いながらも複数の解決法を見せている。このような直線的な空間と曲面との並置は地中海沿いの建築にはよく見られるもので、セルトとトレスが関わった雑誌『A.C.』においても特に関心が払われていた。施工方法を見ると、彼らは伝統的な方法を採用していることが分かる。空間は三層の平らなレンガで構成されているカタロニア屋根で覆われている。一層目に用いられた石膏モルタルは、施工後、徐々に膨張し、構造体を緊結し、建物の殻を形成する。この一層目をベースとし、残りのコンクリート層が敷き詰められる。横力を受ける屋根には必要に応じて対角状にブレースあるいはバットレスが設けられている。屋根の断熱材には砂利と砂が土と混ぜ合わされて用いられている。また、テラスに向かって開かれた南向きの大きなピクチャーウィンドウを除いては、窓はできるだけ小さなものが設けられている。

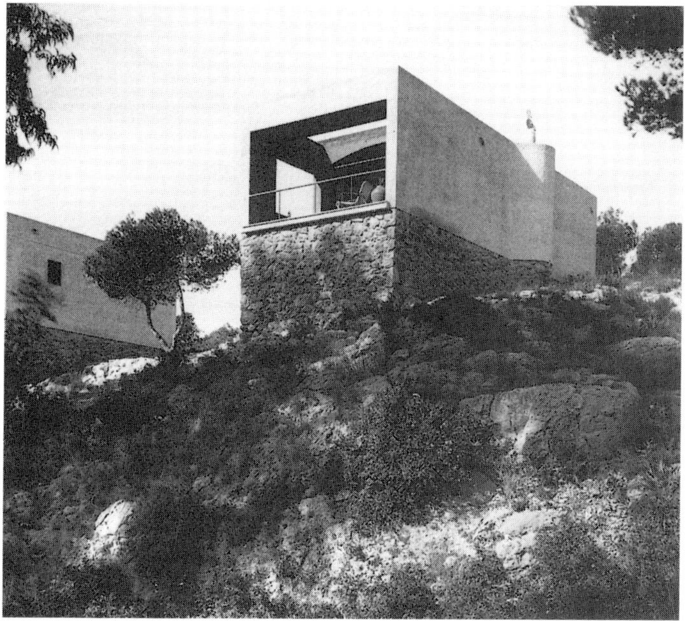

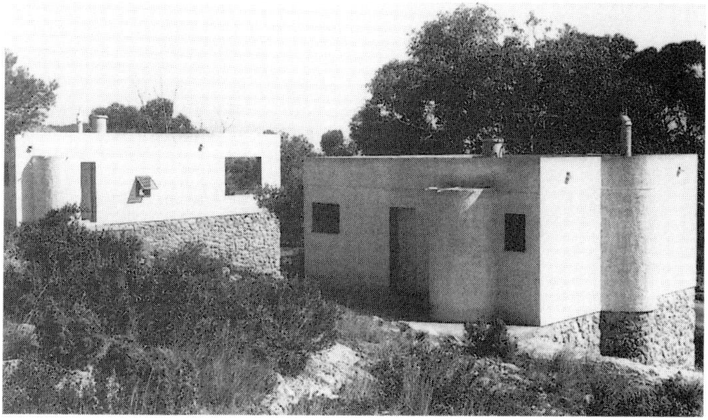

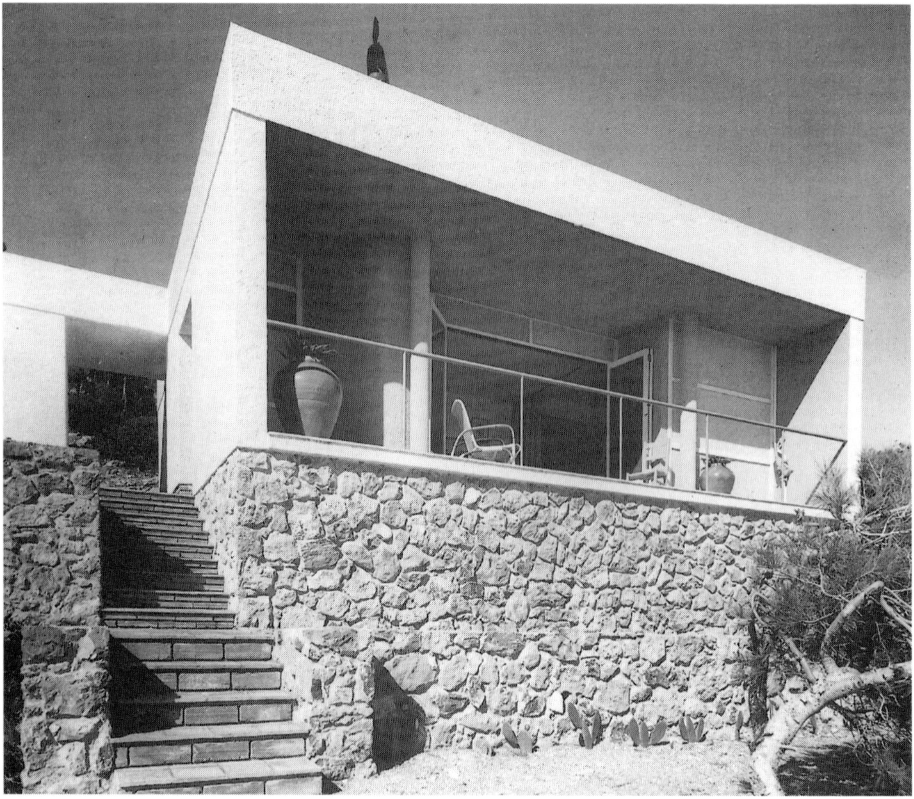

さまざまなユニットの平面図

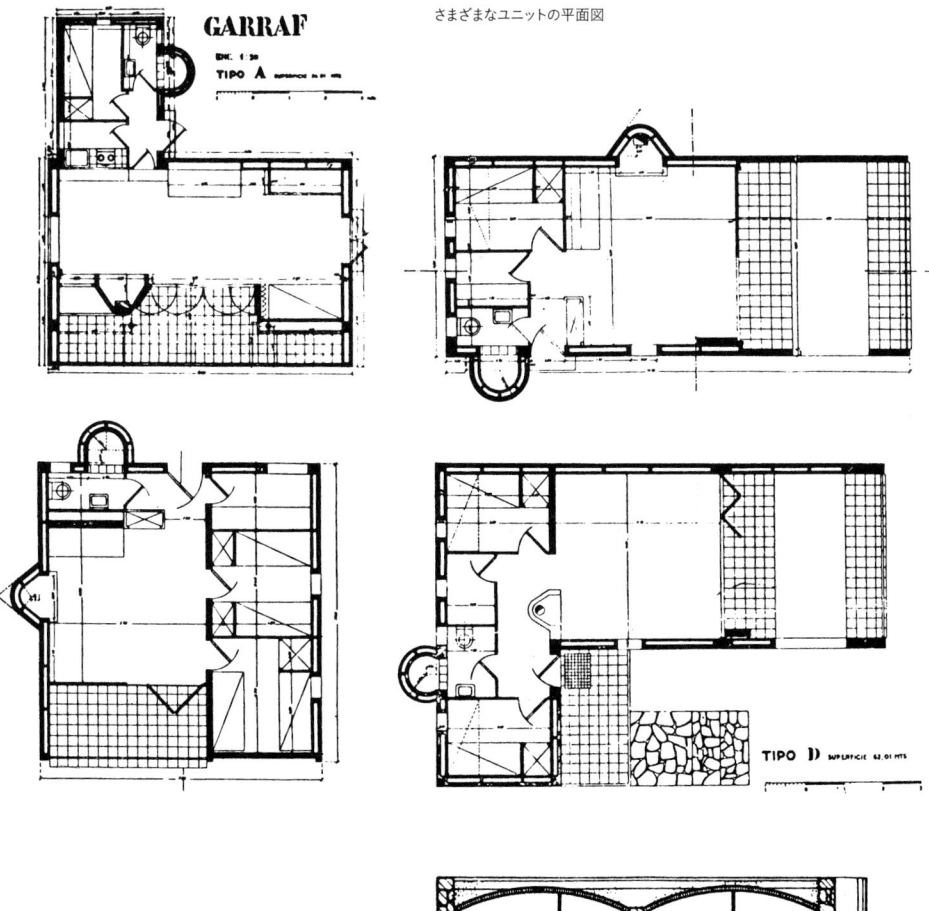

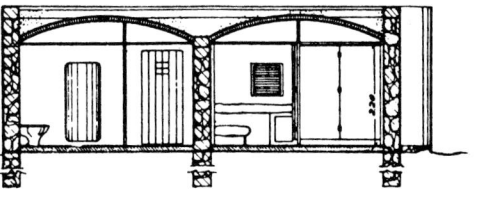

断面図

J.Ll.Sert / J.Torres Clavé

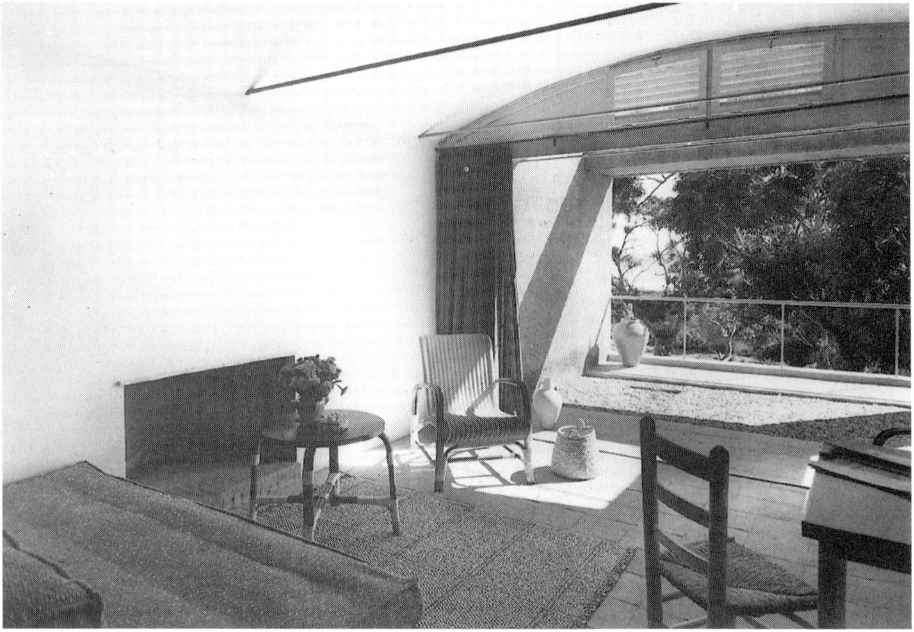

J.Ll.Sert / J.Torres Clavé **073**

FRAMING
Gio Ponti

ジオ・ポンティ

小さな理想住宅
1939 計画案

A little dream house
1939 Project

　ジオ・ポンティは雑誌『ドムス』(や後になって『スタイル』)のために、いくつもの架空の小さな住宅案をつくっていた。これらの住宅の敷地は、イタリアのリヴィエラやエルバ島、あるいはナポリ湾やアドリア海沿岸等の、いずれも想像上の場所に設定されていた。

　ポンティはそれらの住宅を、わずかな荷物を持って、短期間でも快適に過ごすことができる、そして自分の思うように過ごせる小さな住宅、と設定した。彼はこれらの条件に基づいて、自由な構成の壁を採用し、内観、外観を検討し、昼と夜の光の効果を思い描き、天井、床、そして仕上げに生き生きとした明るい色を想定していった。ある意味で切り詰められたこの建築は画家の精神で考えられており、背景図法の中に人間の姿が描かれてすばらしい視覚的な光景がつくり出されている。空、地面、そして海は、玄関、煙突等の建築的な要素と詩的に融合するように取り入れられており、それにより絵画的な佇まいの連続を獲得している。

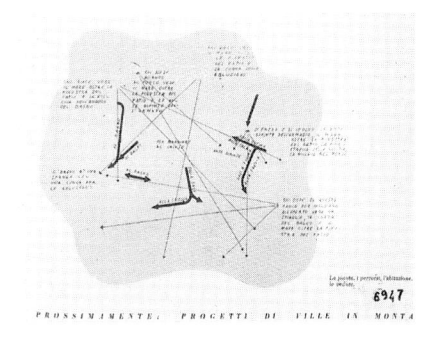

PROSSIMAMENTE: PROGETTI DI VILLE IN MONTA

Gio Ponti **075**

FRAMING
Philip Johnson

フィリップ・ジョンソン

フィリップ・ジョンソン自邸
マサチューセッツ州ケンブリッジ（アメリカ）
1942
S. クレメンツ・ホースリーとともに

Philip Johnson House
Cambridge, Massachusetts (USA)
1942
In association which S. Clements Horsley

　フィリップ・ジョンソンのケンブリッジでの最初の住宅はミースの「less is more」を実践している。それは、開放的なプランが新しい生活様式であるとするタイポロジーを提起する、明快な例である。可動スクリーンを用いた空間のフレキシブルな配置は、その時々に応じてこの住宅の空間を再構成することを可能としている。スライディングパネルやカーテンを開閉することで、新たな空間が現れたり消えたりする。大きなガラス壁面は、居間の前面のパティオを視覚的に取り込んでいる。外周部の壁はほぼ敷地全体を囲い、北アメリカの郊外地での慣習的なやり方、すなわち隣地との境界をはっきりとさせないという方法には背を向けている。この住宅の外に対しての閉じ方は、この土地の流儀とは対照的である。

　室内には偶然によるものはなく、すべてが計算されている。居間の暖炉は慎重に検討された木製の壁の真中に正確に設置されている。すべての家具（ミース・ファン・デル・ローエのデザイン）は、両側にある低い正方形のコーヒーテーブルと完全に調和するように配置されている。当時のある雑誌に述べられているように、この住宅は典型的なアメリカの家族にとっては想像しがたいが、その住人である独身の建築家その人にとっては理想的なのである。

Philip Johnson

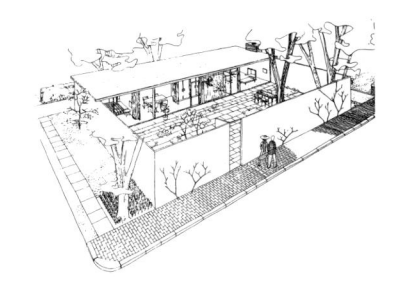

078 FRAMING

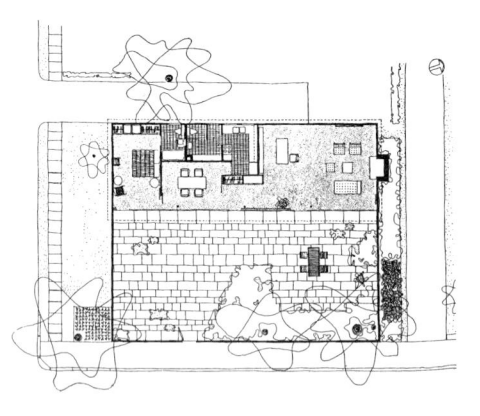

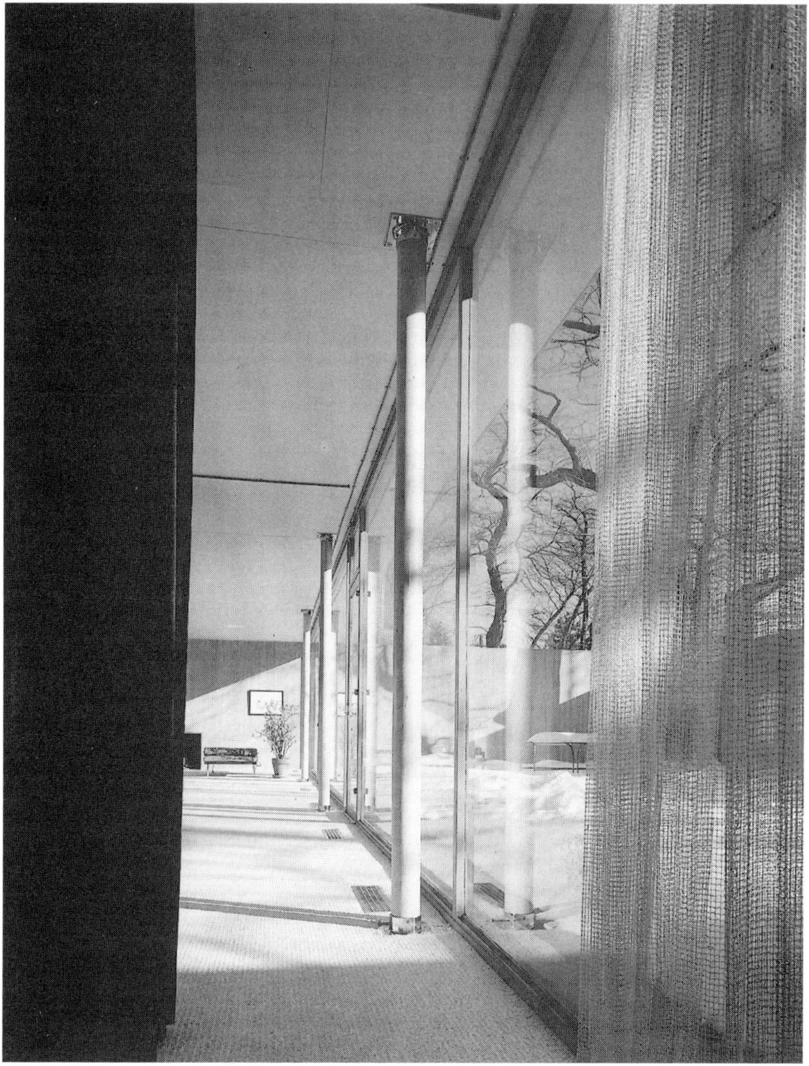

FRAMING
Pino Pizzigoni

ピノ・ピッツィゴーニ

最小限住宅
ベルガモ（イタリア）
1946

Minimal detached house
Bergamo (Italy)
1946

　この小さな家族用住宅は、ベルガモの建設協会が主催したコンペの結果実現したものである。コンペは廉価の住宅建設のアイデアを募るものであった。この計画案の基本にあるのは、身体と空間との関係の細部に及ぶ考察である。ほぼ正方形の平面を持つこの住宅は、外観はまるで平屋がそのまま上に伸びたように見える。提案されているタイポロジーの複雑さは家の内部で「爆発し」、寝室のあるロフトは複雑に配置され、下階の居間の上にいろいろな高さで載せられている。上下の空間の行き来は、踏み面をずらした不思議な階段によってなされる。ロフトの置かれた高さはそれぞれの場所の機能に応じて異なっている。たとえばベッドの下の空間は、1階の食卓の上部空間として使われている。ギリギリまで切り詰めるため慣習的な身体寸法は再検討され、機能をまとめあわせ空間を整理する上で新たに参照されている。ある種の建設上そして構造上の単純性は、タイポロジカルな複雑性を生み出している。用いられている材料は質素であるが耐久性があり、構法はローカルで長い間培われてきたものが用いられている。このような姿勢こそ、後付けながらネオリアリストと呼んでもよいであろう。

Pino Pizzigoni

立面図、1階、中2階平面図、
断面図、配置例の透視図

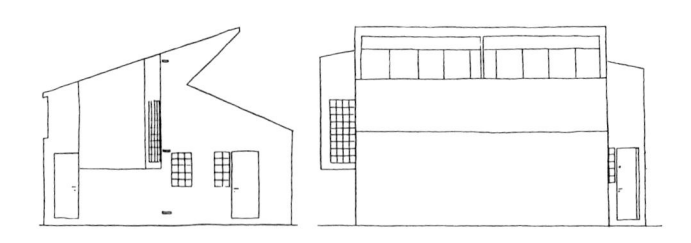

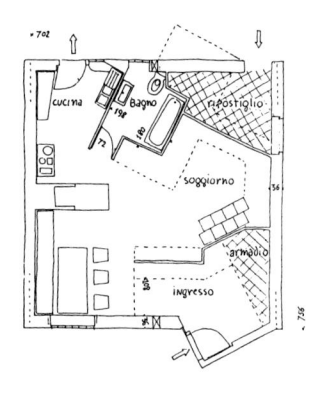

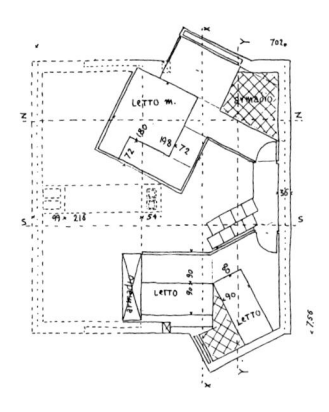

082 FRAMING

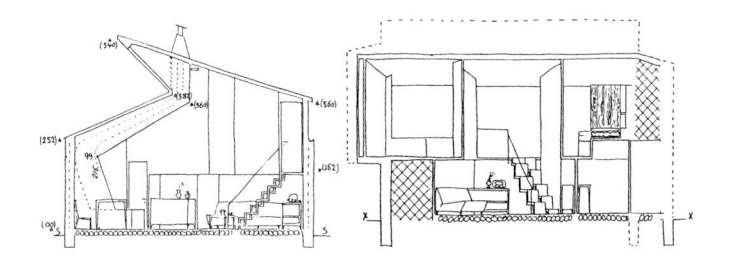

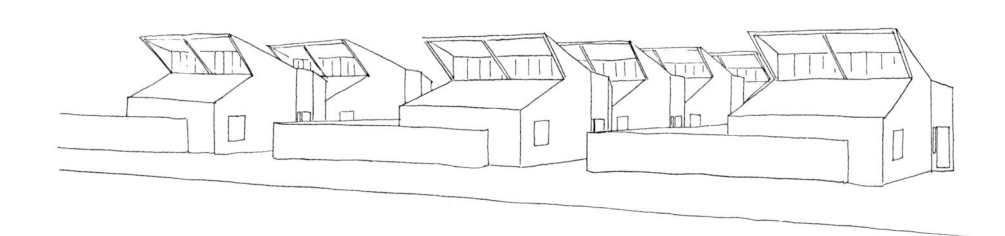

FRAMING
Edward Cullinan

エドワード・カリナン

マーヴィン邸
カリフォルニア州スティンソンビーチ（アメリカ）
1960

Marvin House
Stinson Beach, California (USA)
1960

　この住宅は、この敷地のふたつの強い性格を併せ持つ。すなわち、起伏の多い大地の荒々しさと、太平洋を背景とした景色である。

　巨大な岩に抗するように置かれている赤色の木製パネルとガラスで構成された細長いギャラリーは、郊外の風景へと開いている。この空間はさまざまな機能を持つよう意図されており、睡眠、食事、あるいはただ扉の前の暖炉の周りに座るためだけの空間にもなりえる。

　片側には天窓付きのコンクリートブロックでできた小さな部屋が並び、シャワーや着替え、料理などの二次的な行為の場となっている。こちら側は岩盤にアンカーするという工法によっている構造であり、ガラスと木でできたギャラリーの軽快さとは対照的である。

　小さなゲストハウスがこの丘の下の方に計画された。そして、後にこのオリジナルの住宅は増築され改修された。

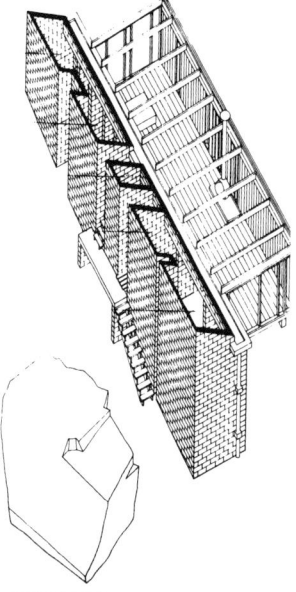

配置関係を示す
アクソメ

Edward Cullinan

1階平面図および短手断面図

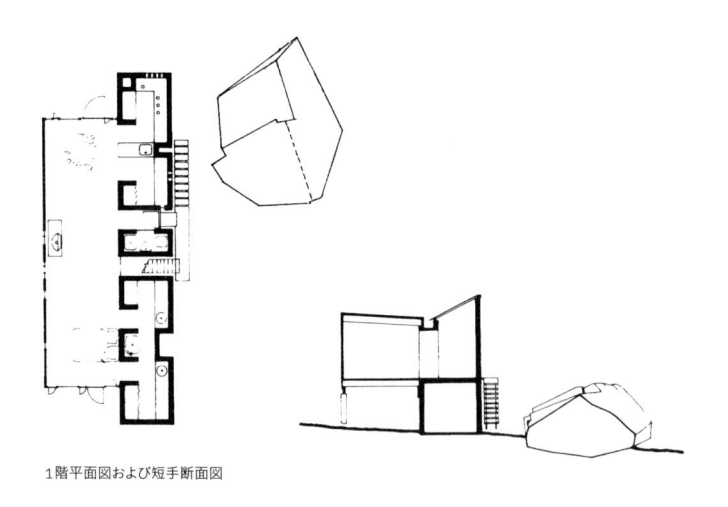

Edward Cullinan   **087**

FRAMING
Peter Willmott

ピーター・ウィルモット

ある芸術家の家
ホーバート(タスマニア)
1989

House for an artist
Hobart (Tasmania)
1989

　この住宅は郊外の貯水池に隣接した忘れさられてしまっていたような土地に建ち、そこからはすばらしいパノラマの景色を見ることができる。

　一見するとこの住宅には特に目を引くものはない。普通の建物で、非常に単純な構成でできあがった、どこか産業施設のようにも見える。しかしさらに詳しく見ていくと、非常に還元主義的で見落としてしまいそうなほどの微妙な繊細さが現れている。この住宅は、休み、働き、料理し、食べ、そして眠るための、9×10×2.8mの箱状の単一空間からなる建物である。内部に壁はふたつしかなく、洗面所と食品置き場を囲っている。ほぼ対称に分割された一つの大きな窓が、空間を統制している。窓はカーテンやブラインドなしでもプライバシーが守られ、立ち上がると市街地を、座ると丘陵地帯を、そして横になると空を見ることができる位置に設置されている。家の内部では、仕上げ材の質感、色彩、重さ、そしてその切り替わりが丹精に考え抜かれている。壁はコンクリートブロック製、洗面所の端ではガルバリウム鋼板のパネルへ切り替わり、仕事場に向かう側ではコルクのライニングが貼られている。床はポリウレタンで仕上げられたコンクリートで、斜めに引かれた線で、ふたつに分割されている。その線は天井合板パネルの45度のジョイントと平行に走り、ある種のダイナミズムを誘発している。

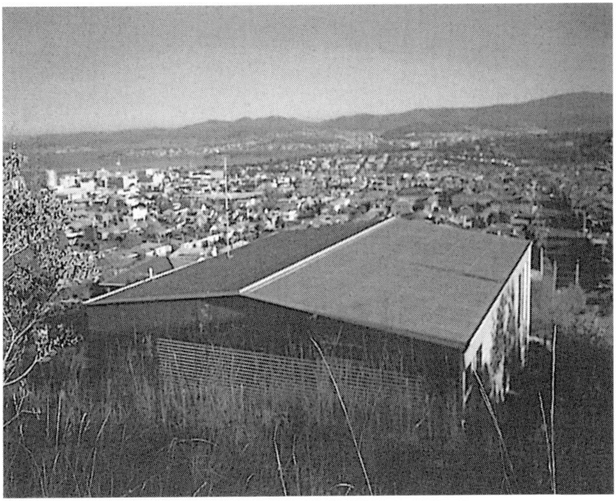

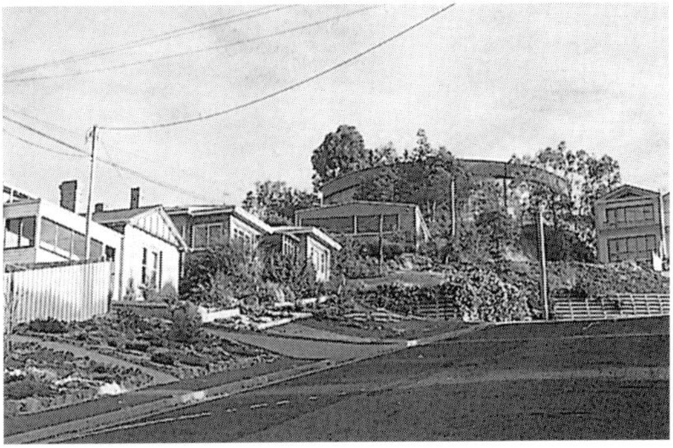

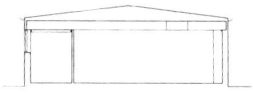

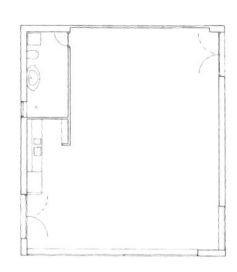

平面図および断面図

090 FRAMING

S I T I N G

サ イ テ ィ ン グ

Marcel Breuer/Walter Gropius

Paul Rudolph

Harry Siedler & Associates

Norman Foster (Team 4)

J. Manuel Gallego

Glenn Murcutt

Toyo Ito

Eugeen Liebaut

James Jones

Toshiaki Ishida

Miller/Hull

SITING
Marcel Breuer/
Walter Gropius

ブロイヤー／グロピウス

チャンバーレイン・コテージ
マサチューセッツ州ウェイランド（アメリカ）
1941

Chamberlain Cottage
Wayland, Massachusetts (USA)
1941

　ブロイヤーは、グロピウスの手を借りながら、ヨーロッパから移ってきてからわずかな期間にこの住宅をデザインした。ここではアメリカの建設手法からの多大な影響が見うけられる。木を中心に構成された軸組は、軽量ながらもほとんどの荷重や力に耐えるだけの強さを持ち、ブロイヤーを驚かせたハリケーンによる吹き上げや旋風にも耐えることができる。さらに彼はこの軸組がreticulated structure（網状構造）としても働くこと、特に対角に渡された木の梁や交差柱によって補強された時に耐力を増すことを発見した。このアメリカ製の壁を構造躯体に採用することにより、この住宅のまるで浮かび上がっているかのような表情がつくられることとなった。

　この木造の構造体は、物置になっている石造の基壇の上に建てられている。このデザインではふたつの領域がつくり出されている。ひとつはキッチンや洗面所、ドレッシングルームのある細い部分、もうひとつは寝室と居間を含んだやや広い部分である。大きな独立した石の暖炉がこれらふたつの部屋を分割している。

1階および2階平面図

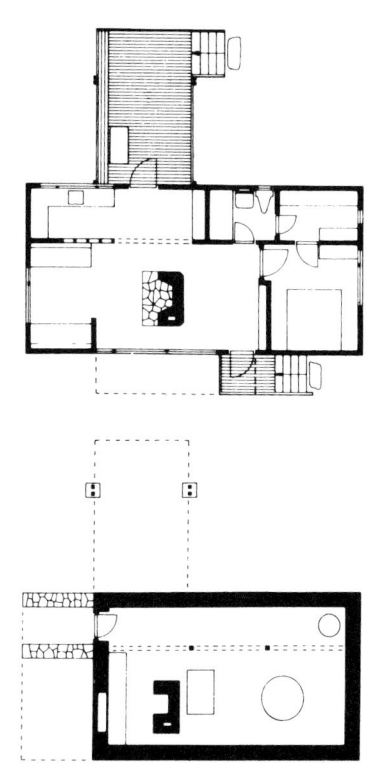

Marcel Breuer / Walter Gropius　**093**

SITING
Paul Rudolph

ポール・ルドルフ

ヒーリー邸（コクーンハウス）
フロリダ州サラソタ、シエスタキー（アメリカ）
1948-1949
協働者：ラルフ・トゥイッチェル

Healey House (Cocoon House)
Siesta Key, Sarasota, Florida (USA)
1948-1949
Ralph Twitchel, collaborator

　ルドルフの初期の作品のひとつである。後になって彼はこの時期の作品の建築的な完成度、そしてそれらがハーバードでブロイヤーから学んだ「インターナショナルスタイル」の方法論的な原理への忠実さ、そしてフロリダの気候へうまく適応されていることに着目するであろう。この建物では明らかに構造がデザインを展開するきっかけとなっている。この見事なテンション構造の屋根は、合板のサンドイッチパネル、ガラス繊維の断熱材、そして軍艦のデッキに用いられている粉砕されたプラスチックによってできあがっている。木製の柱の歪みは計算され、基礎のコンクリートにつながれたケーブルによって調整されている。構造体を露わにすることで、この住宅に力強さと軽快な感じを与えている。反り返った屋根により、内部は外部へ向かって開いていこうという明確な意思を表している。これに関してルドルフは後日、あまり適当ではなかったと以下のように述べている。「家の普遍的な象徴である屋根は、そこに住む人々を外部へと導いていくようではいけない。逆に、空間を内部へと引き込んでいくもの、さらに言えば時には上へと導いていくものでなくてはならない」。

Paul Rudolph

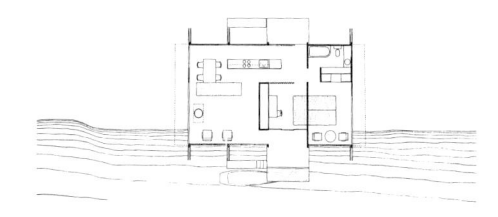

096 SITING

Paul Rudolph

SITING
Harry Siedler & Associates

ハリー・サイドラー

ローズ邸
ニューサウスウェールズ州トゥラムラー
(オーストラリア)
1950

Rose House
Turramurra, NSW (Australia)
1950

　この住宅は、夫婦とある程度の独立性を確保したいという娘のためのものである。建物は地面から持ち上げられ、周囲に広がるのどかな風景を取り込んでいる。すべての部屋は北向きで、谷間を見下ろしている。屋根がかかっている連続したテラスにより、ファサードにガラスの引き戸を用いながらも日射を遮ることが可能となっている。

　平面は直線的なデザインで、キッチンと洗面所が寝室と居間とを分離している。娘の寝室は下階にあり、洗濯場としても使用できる小さな洗面所が備えられている。

　四本の柱からは梁が線材で吊られており、浮遊しているかのようなこの住宅の主たる構造体を構成する。階段が設置されているのは、この斜めに張られた引張材の交差部分である。地面と住宅をつなぐふたつの階段は、造形的な意図を持って置かれている。ガラスのファサードに面した階段室はソリッドな表情を持ち、逆に不透明な表情を持つ南側の階段には小さな手すりが設けられ、軽快な表情を見せている。

　地面の残りの空間は車庫として使用され、寄り付き道路からの庭のプライバシーは、柵を設けることにより確保している。

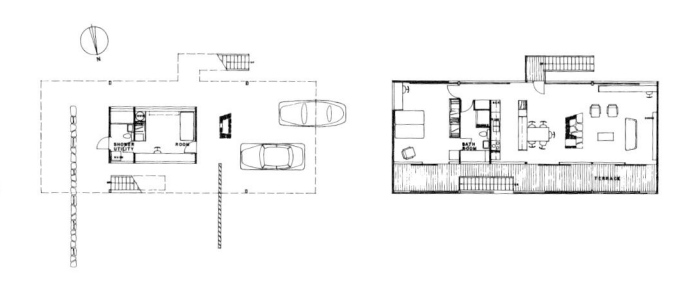

1階および2階平面図

Harry Siedler & Associates

SITING
Paul Rudolph

ポール・ルドルフ

ウォーカー邸
フロリダ州カニベル島(アメリカ)
1952-1953

Walker House
Canibel Island, Florida (USA)
1952-1953

　これもルドルフの初期の作品である。貸家として建てられたこの住宅の各面二スパン分の壁面は、外観にも表れているように、おもりを利用した機構（鉄の球が鋼線に結ばれている）により水平の位置まで持ち上げられるパネルでつくられている。これは、換気、遮光、施錠あるいはハリケーンから家を守ることを目的として機能する。パネルが閉まっている時は、この家はまるで洞窟のように落ち着いた空間となり、開いている時にその空間は、内部と外部とが融合するポーチへと姿を変える。この空間の変化、心理的な変化をつくり上げることは、常にルドルフの作品づくりのひとつの立脚点である。

　平面は正方形で、立面と同様さらに小さな正方形のモデュールから構成される。リベットで結合された鋼材と同じモデュールによって構成されている単純な構造体は、周辺の環境に配慮した結果、この住宅を地面から持ち上げている。

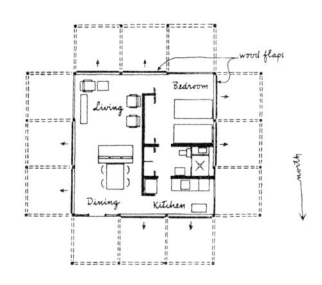

Paul Rudolph

SITING
Norman Foster
(Team 4)

ノーマン・フォスター（チーム4）

コックピット・ガゼボ
コーンウォール州ピルクリーク（イギリス）
1964

Cockpit Gazebo
Pill Creek, Cornwall (England)
1964

　この計画は、フォスターがデザインした住宅（クリーク・ヴィーン・ハウス）の近くに小さな隠れ家を建てることであった。ヨットに熱中しているそのオーナーは、自宅に近接する桟橋から艇を出し、河口まで流れを下り、流れの緩やかなところで陸に上がりピクニックを楽しんでいる。その場所に、三角形や長方形、そして台形の面を持つ透明な多面体が計画された。基本となる構造体は地中に埋め込まれたコンクリートのシェルで、そこからガラスのキャビンが突き出ている。松林の中にあって、ガラス面の反射だけがその小屋の存在を主張する。内部には、コンクリートを流し込んでつくられた座る場所（最大11名）とキッチン、ステンレス製の流し台ユニットが備わる。さらに電気設備と給湯設備が設けられている。出入りは中央のガラスの引き戸を通して行う。木工事の幾何学は非常に厳密で、構造体が防水性を持つようになっている。ディテールにこだわると同時にそれ自身を軽快で透明性溢れる構造体とし、重量の大きな基壇の上に設置されている様子には、のちのフォスターの作品の片鱗が感じられる。

断面のスケッチ

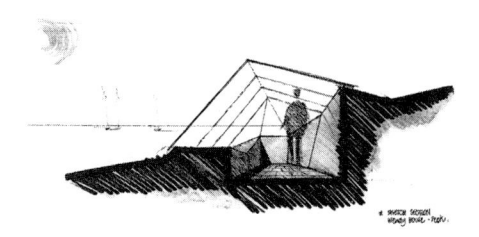

Norman Foster (Team 4)

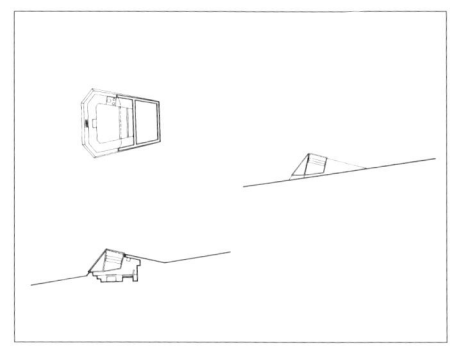

模型写真、平面図、立面図および断面図

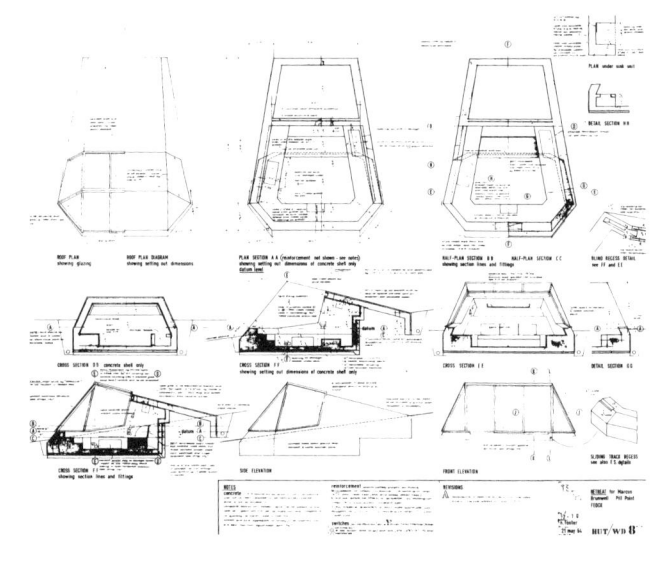

104 SITING

Norman Foster (Team 4)

SITING
J.Manuel Gallego

J.マヌエル・ガレゴ

アロサ島の住宅
ガリシア(スペイン)
1977-1982
協働者:C.トラバホ、E.オルティツ

House on Arosa Island
Galicia (Spain)
1977-1982
Co-direction by C. Trabajo and E. Ortiz

　これは休暇の時に利用される住宅で、持ち主は画家である。この住宅は、最低限のコストで建てる、居住部分とスタジオを取り込んだ一つの大きな空間として考えられた。

　立地は島の中の隔絶された、海に程近い場所である。島へ渡るには金も時間もかかり、桟橋からの道もなかなか険しい。また電力もいまだ供給されていない。

　この住宅の空間は、プレファブのコンクリートブロック製の壁、メンテナンスしやすいが通り抜けることはできない程度の大きさの窓からなる開口部とでできあがっている。出入口はたった1ヵ所の木製の開口部だけである。屋根は繊維補強のコンクリート製で、木製の軸組の上に乗っている。内部は、床はタイル敷き、壁と天井は松材で仕上げられ、それらは同時に断熱の役割も果たしている。建物全体は地面から50cm持ち上げられたプラットホームの上に建てられており、冬場ときおり起きる洪水に備えている。こうして、より快適な環境が考えられ、空間がつくり上げられている。小さな軸組によってつくられた軽快なロフトがこの家の唯一のレンガ造の壁に設けられ、この住宅の中で一番囲まれた空間となっている。この空間が最小の核となり、寝室と洗面所、横にキッチンが設けられている。

J.Manuel Gallego

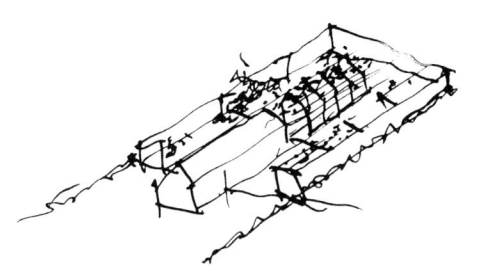

108 SITING

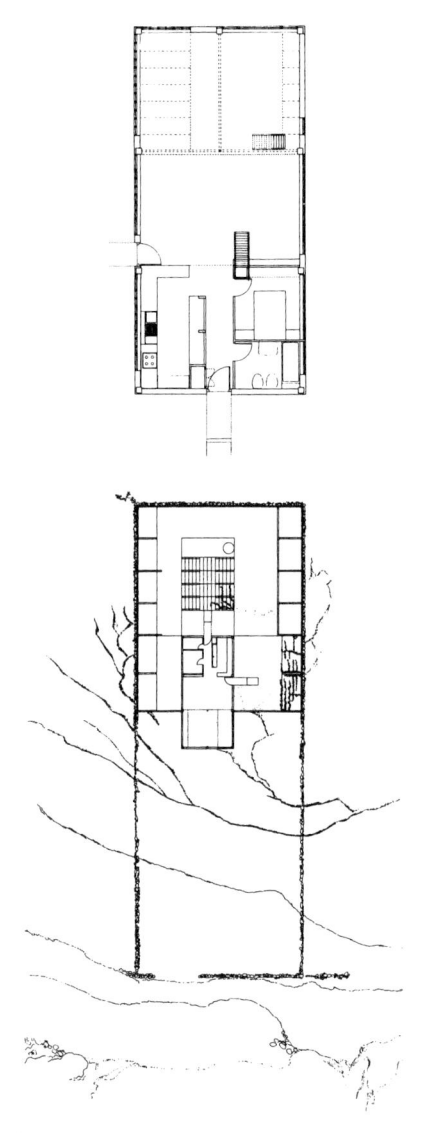

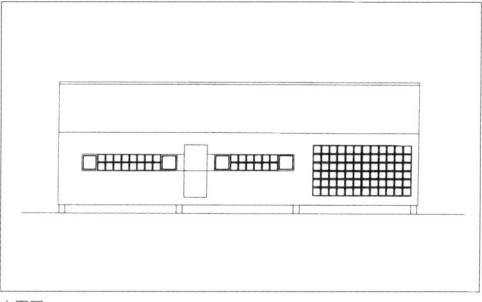

立面図

J.Manuel Gallego

SITING
Glenn Murcutt

グレン・マーカット

二人の芸術家のための家

シドニー市グレンノリエ(オーストラリア)
1980-1983

アシスタント:グラハム・ジョン
構造:ジェームズ・テーラー

House for two artists
Glenorie, Sidney (Australia)
1980-1983
Graham Jahn, assistant
James Taylor, structures

　オーストラリアの未だ開発の進んでいない郊外の10haの敷地の中、木々の間からこの直線的なパビリオンが現れる。鋼構造と金属製の被膜からなる軽い構造体である。短手方向一スパン(両端が平らになった扁平アーチ)の断面からなり、単純で明快な直線的な構成がされている。長手の一方にパブリックな領域が、もう一方にはプライベートな領域が、そしてその間にふたつの領域を結ぶ動線部分が設けられている。ファサードはその面する方向によりそれぞれ異なった方法で処理されている。南に面した壁は閉じられ、太陽の直接光を遮る。北面はすべてガラス面で、居間は中間領域としての屋根に覆われたテラスを介してランドスケープへと広がっていく。施主の言葉を借りるなら「周りの環境すべてが我々の庭」なのである。玄関の正面、建物の中ほどにはもうひとつ屋根のかかったテラスがあり、半戸外となっている。オーストラリアの住宅のデザインはヨーロッパから持ち込まれたものであり、必ずしもこの地の気候、景観あるいは文化的な必要性を満たしていたわけではなかったという話はよく耳にする。グレン・マーカットは自らの建築においてこれらの条件を根本から考え、地元の農業や工業用の建物を見ながら、単純で効果的、革新的でなおかつ最も理にかなった解決法を探り出している。あまりに原則に固執することは、模倣、構成、合理性や技術性という建築的ドグマに陥ってしまい、この住宅の持っている、なにげなさを併せ持つ力強さを損ねてしまう。

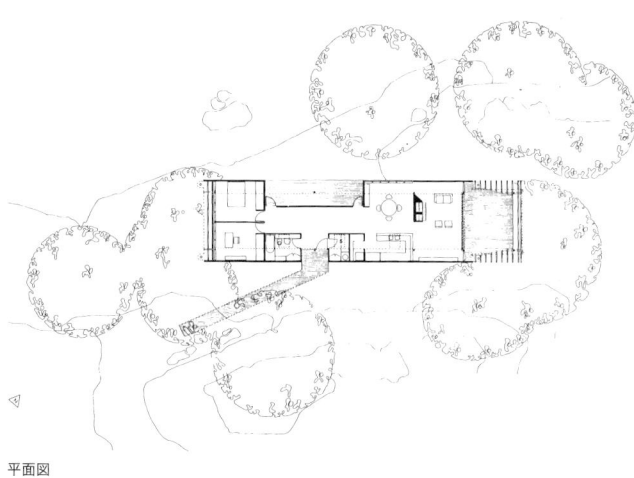

平面図

Glenn Murcutt

立面図および短手断面図

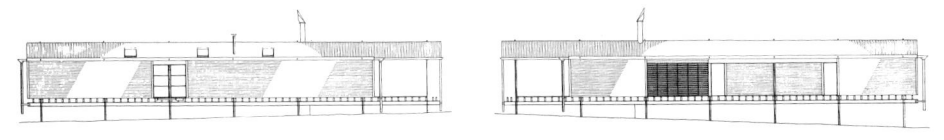

112 SITING

Glenn Murcutt

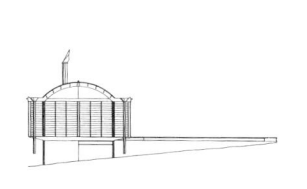

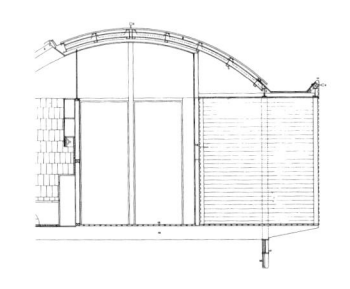

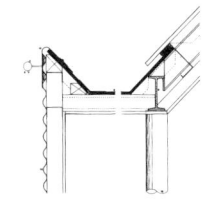

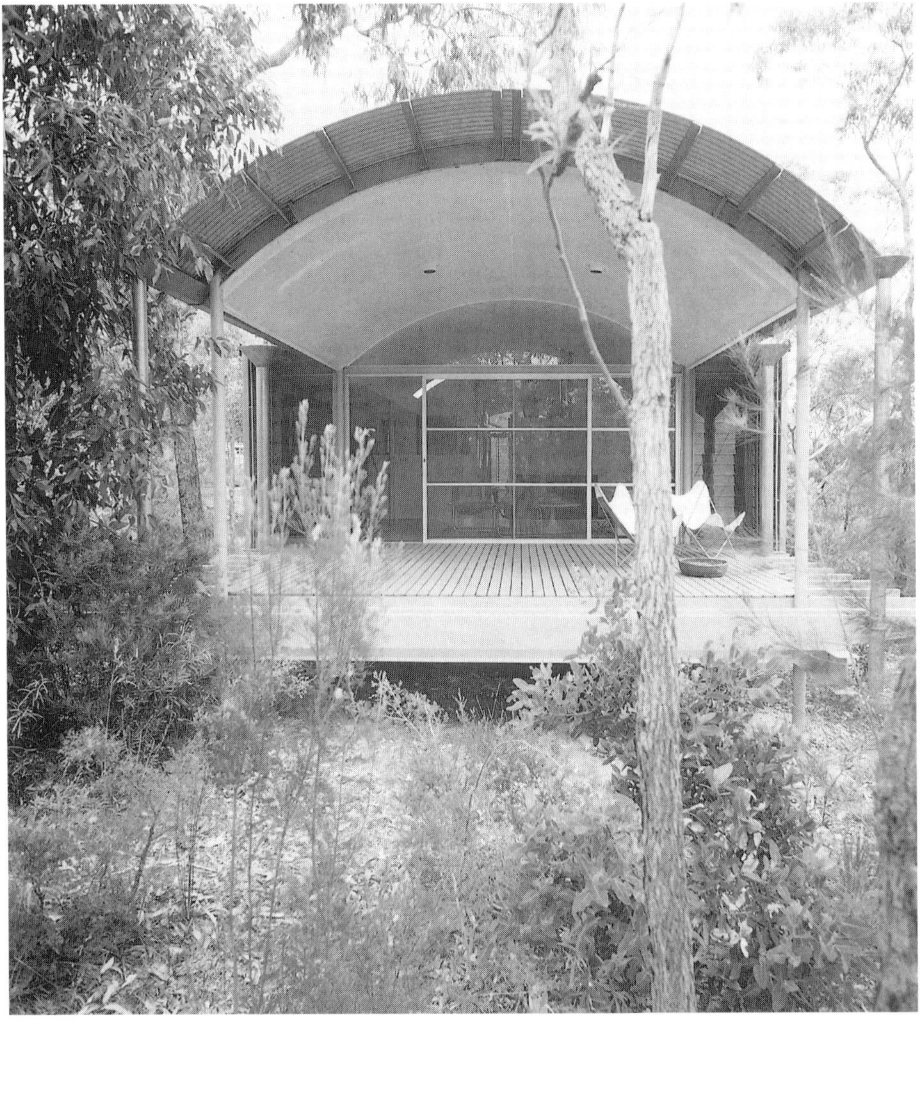

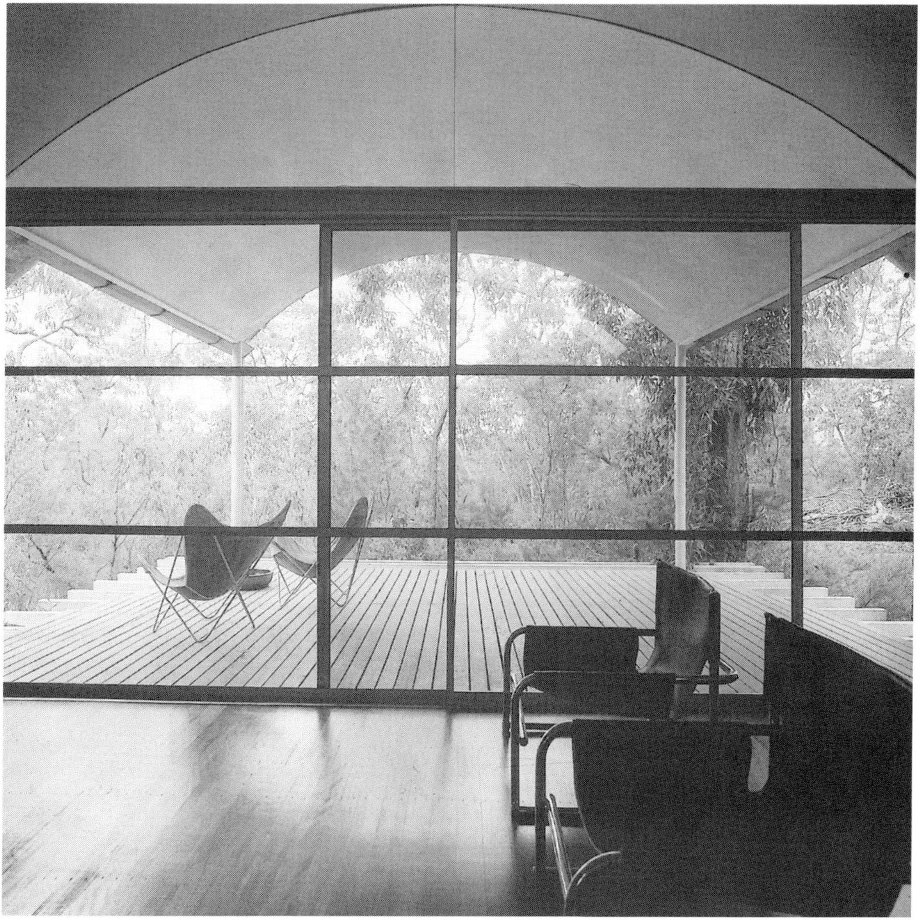

SITING
Toyo Ito

伊東豊雄

馬込沢の家
千葉県船橋市
1985-1986
松井源吾＋ORS事務所、堀内邦夫

House in Magomezawa
Funabashi, Chiba (Japan)
1985-1986
Gengo Matsui + ORS Office, Kunio Horiuchi

　馬込沢は東京から電車でおよそ1時間ほどに位置する住宅地である。この住宅は鉄筋コンクリートとアルミでできており、構造壁だけでなく、1階の内・外壁ともコンクリート打放しである。また、床もコンクリート金ごて仕上げである。このコンクリートの箱に緩やかなカーブを持った鋼構造のふたつのヴォールト屋根がかけられている。このヴォールトに覆われた空間のうち小さい方は約20m²の寝室で、可動のパネルにより閉め切ることができる。ここは、光と風を感じることができるオープンスペースである。下階は対照的にコンクリートの壁によって閉ざされている。ファサードは細い部材で構成され、空気と光を透過する木製のパネルが用いられている。ふたつの対照的な空間は、このパネルを開け放つことにより半戸外空間（テラスとユーティリティ）を介して結ぶことができる。

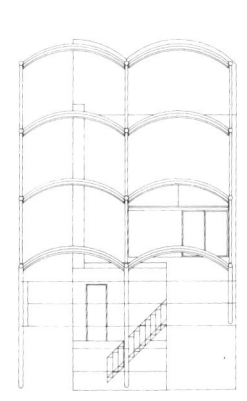

アクソメ

Toyo Ito

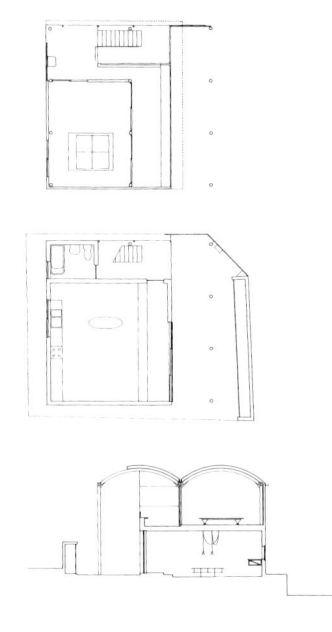

1階、2階平面図および断面図

118　SITING

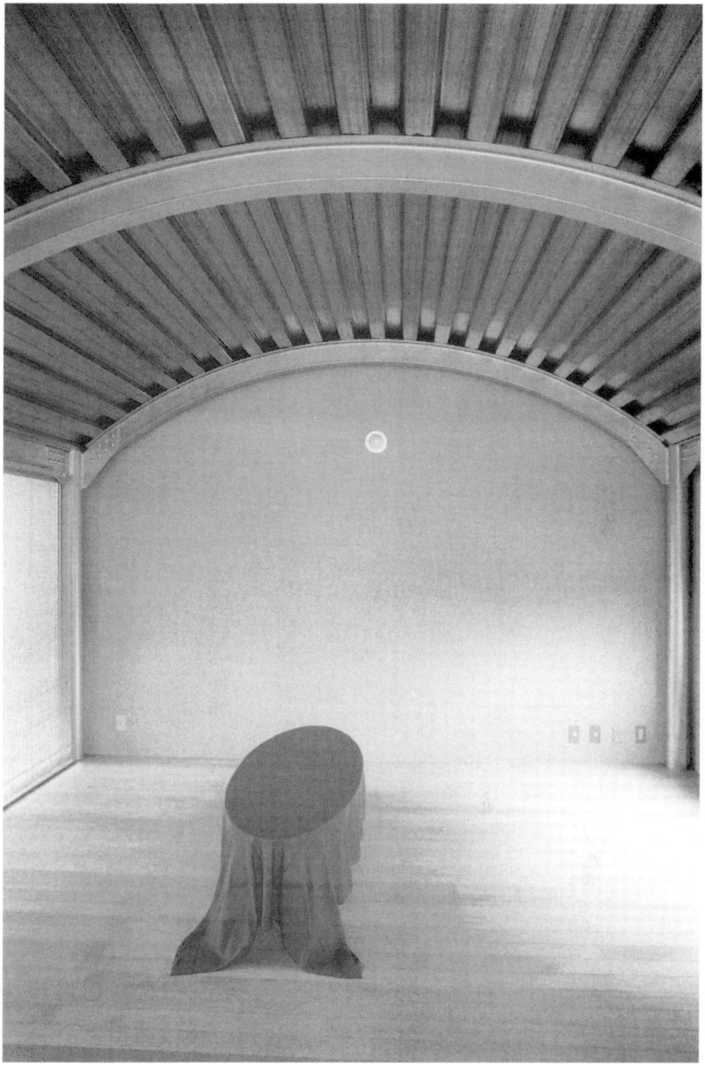

SITING
Eugeen Liebaut

ユージーン・リーバウト

オールスト近郊の週末住宅
ベルギー
1987-1988

Week-end cottage near Aalst
Belgium
1987-1988

　古い、朽ち果てたコテージの改築である。同様の建物が高さ1mほどの金属製の脚の上に新たに建てられ、改築前の建物の構造が傷む原因となった湿気が地面から上がってくることを防いでいる。長手方向の両側の壁に設置されたコテージの開口部である大きな両開きの扉を開けると、自然がさらに身近になってくる。扉が閉じられている時には、この空間は守られ安全である。光は、物見台でもある小さな透明なドームからも室内に入ってくる。

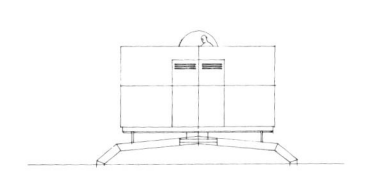

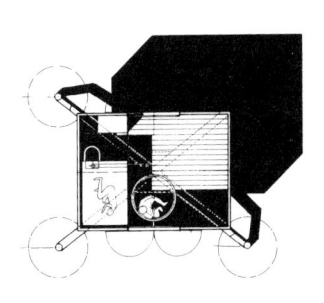

平面図および立面図

Eugeen Liebaut

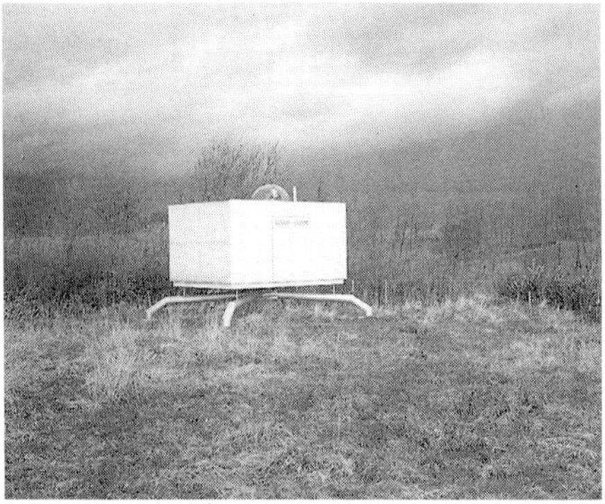

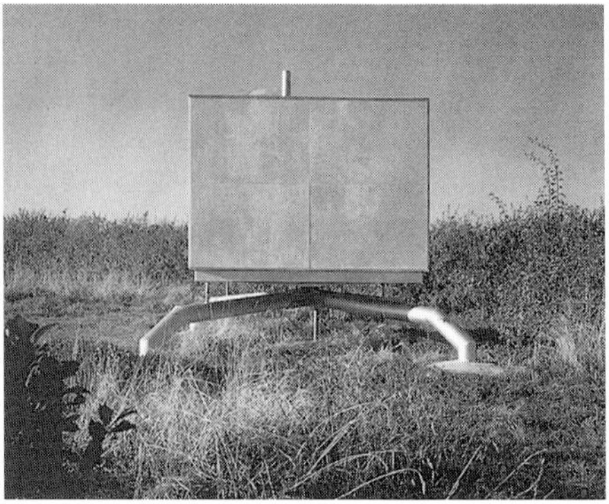

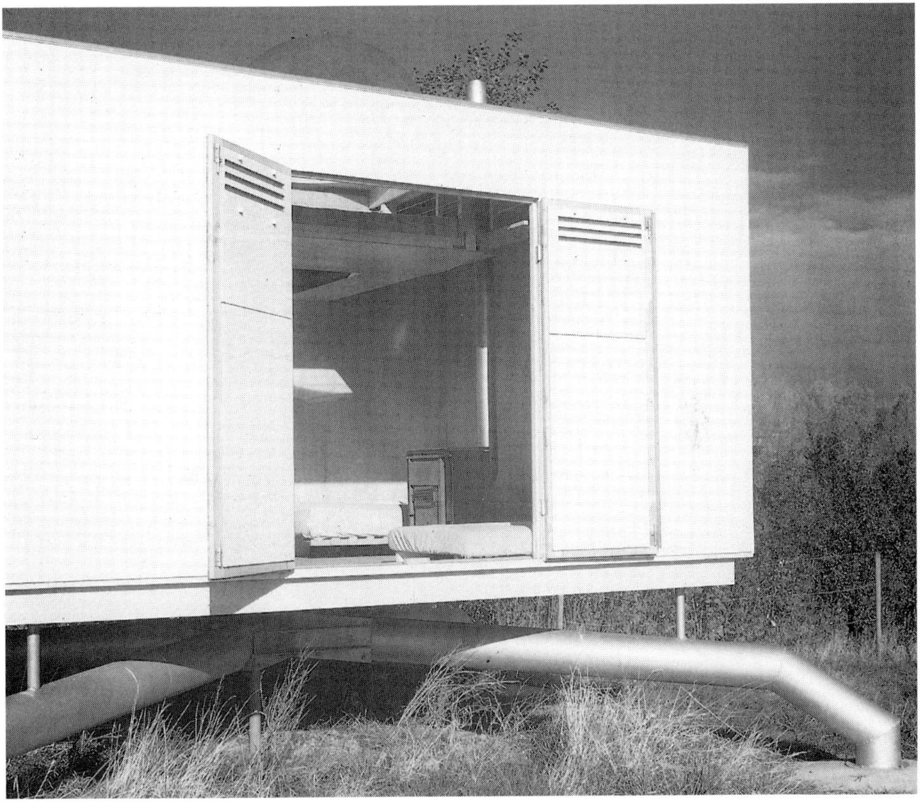

SITING
James Jones

ジェームズ・ジョーンズ

ガーデンルーム、ザ・ウォーターワークス
ホーバート(タスマニア島)
1989
ガンディー＆ロバーツ・コンサルティング・エンジニアーズ

Garden Room, The Waterworks
Hobart (Tasmania)
1989
Gandy and Roberts Consulting Engineers

　この小さな住宅は、ユーカリの木に囲まれ谷の向こうまで見渡せる丘の上に建っている。持ち上げられたプラットホームと浮遊しているような屋根をつくるというのが、ここでのアイデアである。既存のコンクリートの壁の上に立てられた4本のオレゴンパインの柱がプラットホームを支えている。1階はシャッター式の扉で区切られた収納空間および外部の作業場となっている。上階へつながる階段は、既存のコンクリート製の構造擁壁を利用して設けられている。曲線的な梁からはねだした通路を通り、最後に玄関に行き着く。これら道行きの仕組みの一つひとつ、独立した階段とはねだした通路（歩くと当然のことながら揺れる）により、外の世界とは切り離され落ち着く空間、まるで木の枝に置かれた樹上住居のような空間がつくられている。

　ロージェ神父の「原始の家」の定義にあるように、壁は屋根の荷重を少しも受けていない。壁の最頂部に見られるガラスの帯は、繊維強化セメント製の屋根の軽さを強調している。建物の外部はガルバリウム銅板で貼られている。樋の部分と金属板のコーナー部分、階段の段鼻材には工場製品が使われている。手すり子は配管用パイプとジョイントとでできている。

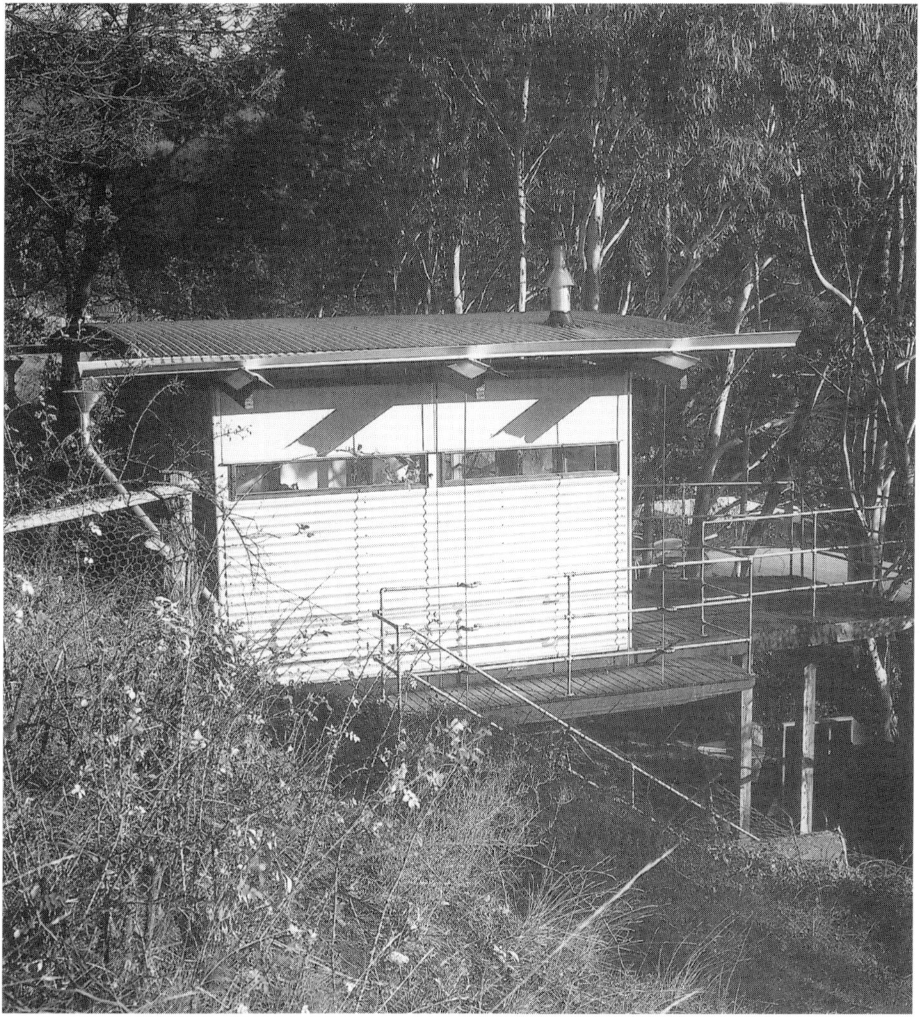

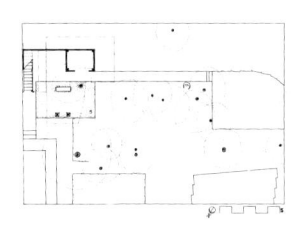

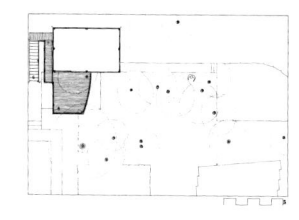

1階および2階平面図

126 SITING

James Jones 127

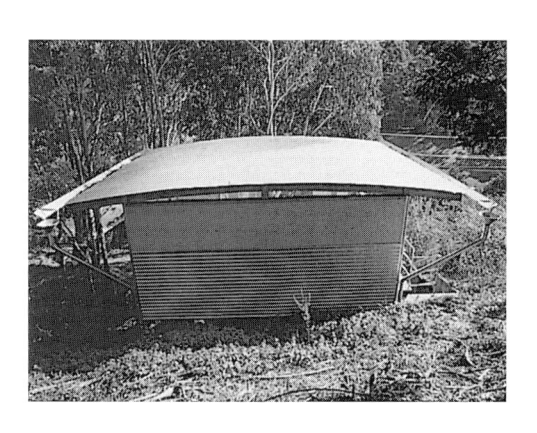

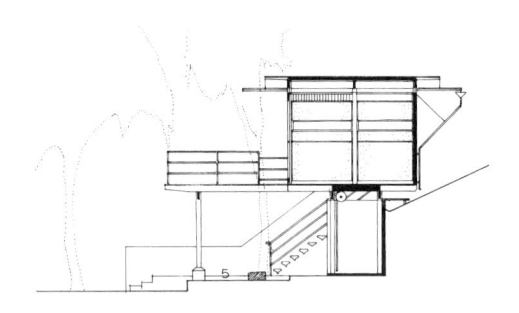

断面図および樋、蹴上げ、手摺りの詳細

James Jones **129**

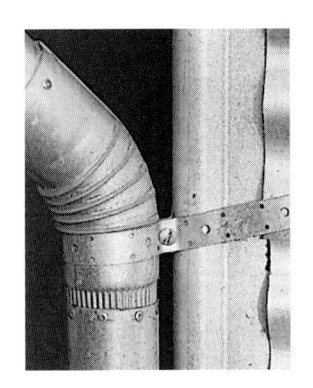

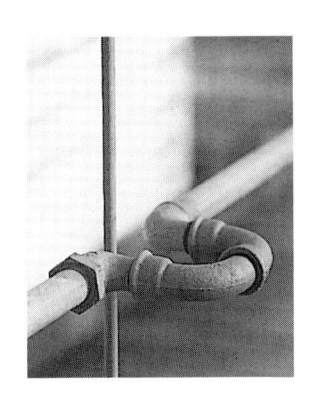

SITING
Toshiaki Ishida

石田敏明

富士山の家
静岡県裾野市
1990-1992

House on Mount Fujiyama
Susono, Shizuoka (Japan)
1990-1992

　このプロジェクトは、日本で最も高く象徴的な山である富士山麓に、別荘を建てるというものである。この住宅はすばらしい自然環境の中に置かれ、施主が憩いの一時が欲しい時、都会の生活に疲れた時に、いつでも行ける場所となっている。4×18mのコンクリートのスラブが傾斜に沿って設置され、この住宅が建つプラットホームとなっており、同時にその豊かな自然の中に人の活動の領域を明確に提示している。デザインはふたつの同じ大きさの空間が微妙にずらされ互いに重ねられた構成となっており、その結果、建物の一端ではテラスが設けられ、もう一端ではオーバーハングした構造体がつくられている。地上階には居間と食堂が配置されている。上階には必要に応じて戸棚を動かすだけで拡張できる寝室と、トップライトを持つバスルームが設けられている。トップライトからの光は、1階と2階、そして夏にはテラスとしても使われる屋根とを結ぶ、軽快な階段を通して、この家全体に広がっていく。全面ガラスの正面によって光は強調されている。構造体はスチールで、地上階の床はコンクリート、上階は木である。内部および外部の壁面のパネルも木製である。

平面図

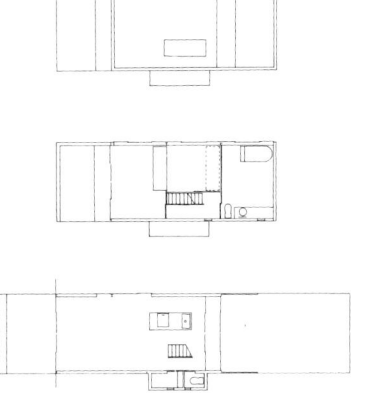

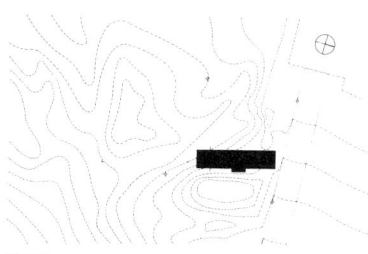

配置図

Toshiaki Ishida

132   SITING

断面図

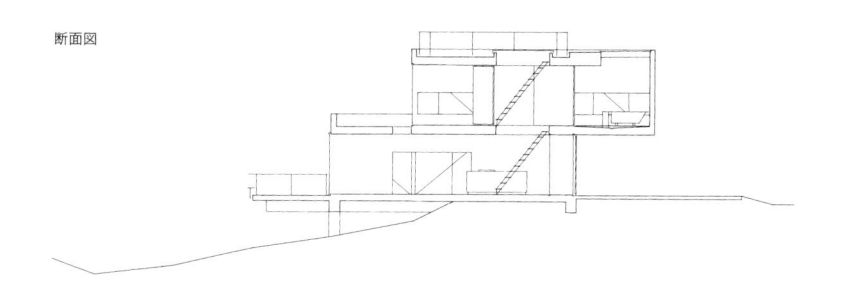

Toshiaki Ishida

SITING
Miller/Hull

ミラー／ハル

マルカンの小屋

ワシントン州ヤキマバレー（アメリカ）
1992
デザイン担当：デイヴィッド・ミラー
プロジェクトアーキテクト：
フィリップ・クリストフィデス

Marquand retreat
Yakima Valley, Washington (USA)
1992
David Miller, principle in charge of design
Philip Christofides, project architect

　ナチェス川はカスケード・マウンテンを源として、ヤキマの東を美しい玄武岩質の谷間を西に流れている。施主はシアトルの出版社の経営者で、この光景とこの地方の乾燥した気候に魅了され、この住宅を建てるためにまず山側の200エーカーの土地を購入した。耐火性、耐風性、そして外敵から身を守るための性能を持った材料を用いて、2部屋の小屋をつくることが要求であった。計画の当初から建築家と施主は、単に通常の生活の複製ではないものを目指していた。極寒と呼吸できないほどの暑さという過激な気候条件により、デザインは制約を受けていった。住宅はこの苛酷な気候に対抗しながらも、それに向けて開いていかなくてはならなかった。

　当初の発想は薄い金属の屋根がコンクリートブロック製の箱の上に浮かんでいる、というものであった。

　この浮遊した屋根は南向きのポーチを覆っている。内部では、壁と屋根の間に窓が見え、また建物後方の水のタンクへつながる通路が設けられている。ポーチの下では南向きに大きな開口部が作られている。正面の壁の端から端までレールが設置され、二枚の大きな可動パネルを支持している。一枚はガラス製、もう一枚は換気の調節のために格子でできている。

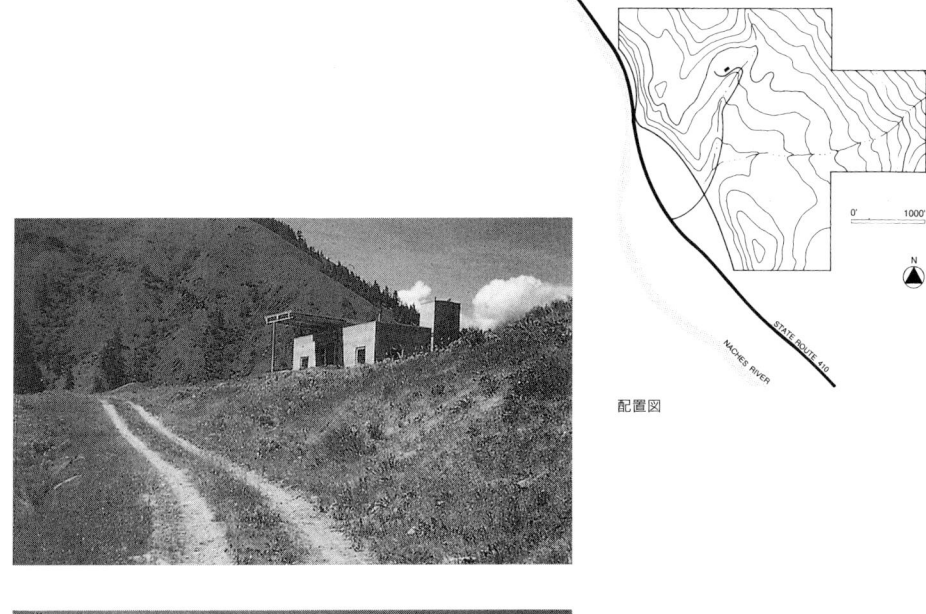

配置図

平面図   アクソメ

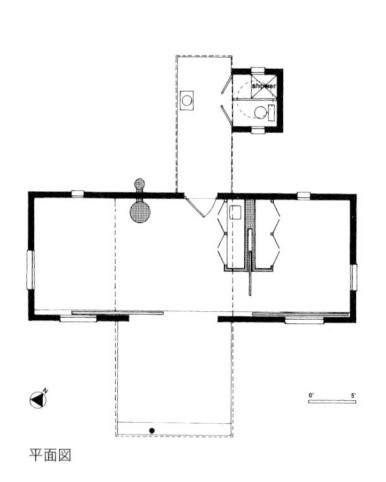

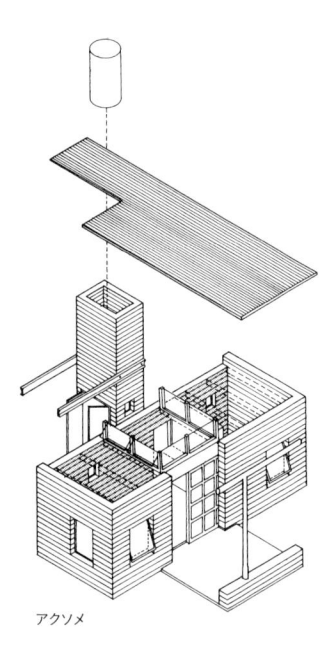

136 SITING

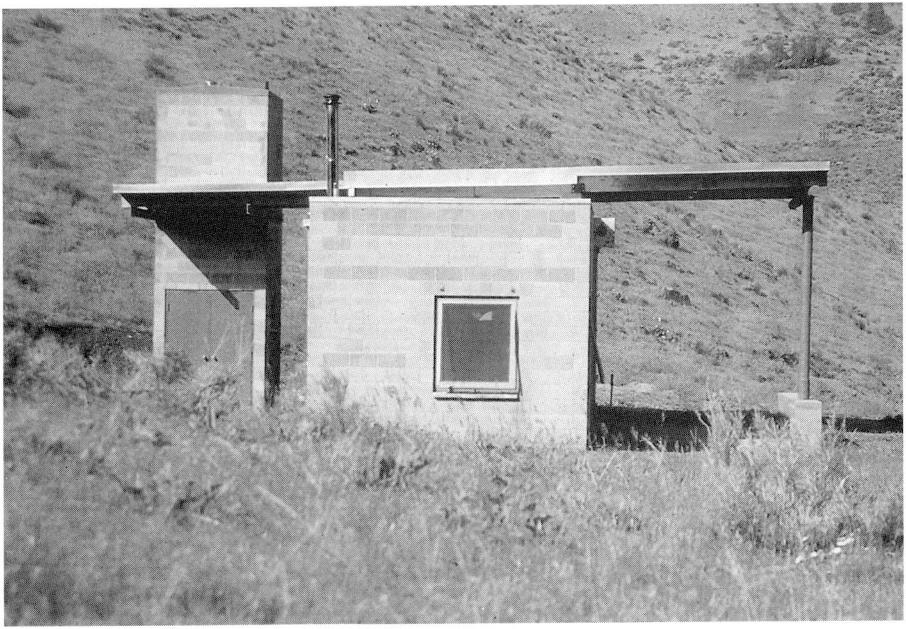

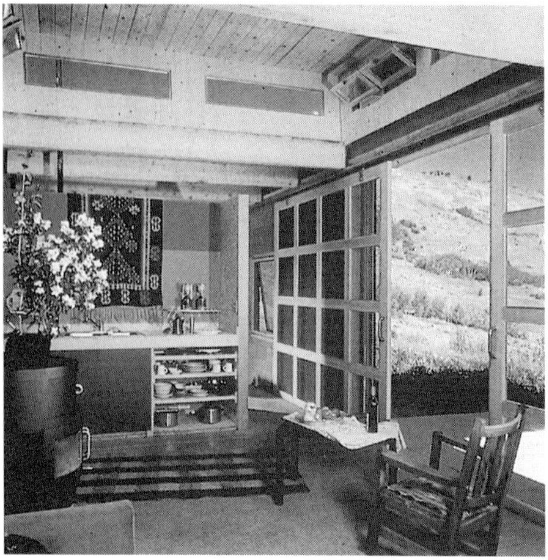

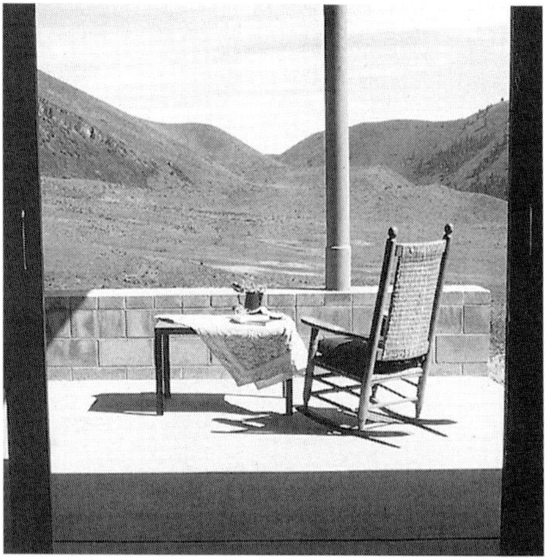

CAMOUFLAGE

カ　ム　フ　ラ　ー　ジ　ュ

Le Corbusier

Frank Lloyd Wright/
Eifler & Associates

Aris Konstantinidis

Eduardo Souto de Moura

CAMOUFLAGE
Le Corbusier

ル・コルビュジエ

週末住宅
ラセレ、サンクロー、パリ（フランス）
1935

Week-end house
La Celle, Saint-Cloud, Paris (France)
1935

　パリの周辺部にあるこの住宅に関して、ル・コルビュジエは自らの作品集の中で次のように書いている。
「近代建築に影響を最も及ぼす重要な（多くは国際的にも重要な）課題は、材料の用い方を慎重に確立していくことである。実際のところ、新しい技術と新しい美学の様々な事象によって規定された新しい建築空間に沿って、材料の本質的な特性により詳細なそして個別な条件を決定できる」。

　木々のスクリーンの背後に置かれたこの小さな住宅を計画するに当たっての基本方針は、できる限り目立たないことである。そのため、高さは通常よりも低く抑えられ（最高2.6m）、建物は敷地の中の窪んだ部分に配置され、コンクリートの屋根には植栽がされ、さらに石の壁には仕上げがされていない。内部ではコンクリートの屋根には合板が貼られ、石壁は仕上げなしかプラスター塗り、暖炉と煙突の部分は粗いレンガ、そして床は白いセラミックタイルである。

　同じ断面形状が各スパンともに用いられており、さらにそれは庭のあずまやにも応用されている。

立面図、内観パース、アクソメ

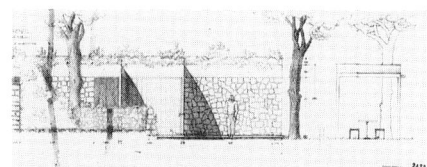

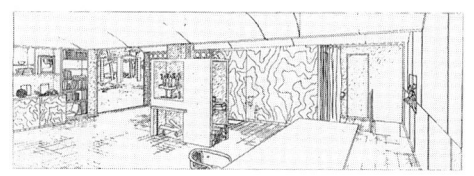

Le Corbusier **141**

CAMOUFLAGE

Frank Lloyd Wright/
Eifler & Associates

フランク・ロイド・ライト／
アイフラー＆アソシエイツ

セス・ピーターソンのコテージ
ウィスコンシン州ミラーレイク（アメリカ）
1958／1992-1993

Seth Peterson Cottage
Mirror Lake, Wisconsin (USA)
1958 / 1992-1993

　このコテージはセス・ピーターソンのために、フランク・ロイド・ライトによって1957年に設計された。残念なことに、ピーターソンもライトもともにこの住宅の建設中に亡くなってしまった。そのためこの住宅はふたり目のオーナーによって完成され、60年代に自然環境の保護地拡大のためにウィスコンシン州がこの土地を買い上げるまで、別荘として使用されていた。その後1988年まで放置されたままであった。

　この住宅では、石の壁で囲まれた、キッチンと浴室部分が核となっている。この核部分を取り囲みながら、軽い木構造と周辺の林の景色が映り込む窓によって居間ができあがっている。

　アイフラー＆アソシエイツはこの住宅の再建にあたって精密な仕事を行った。もともとの状態がよくなかったため、改修時には新しい材料を用いなければならなかった。屋根は完全に葺き替えられ、木工事部分も完全に新しくされた。壁および床は元の材料のままであるが、石の床板は一つひとつ番号が振られた上ではがされ、配線を更新しセントラルヒーティングの設置や配管を終えた後に復元された。もともとの家具は再製作されたり、いくつかの同様の家具が加えられた。

配置図

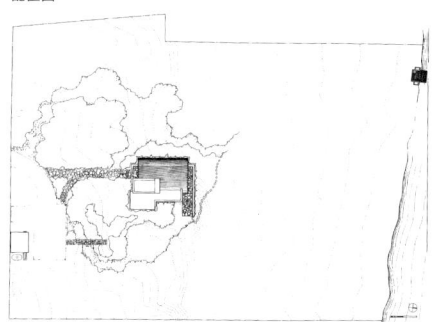

Frank Lloyd Wright / Eifler & Associates　**143**

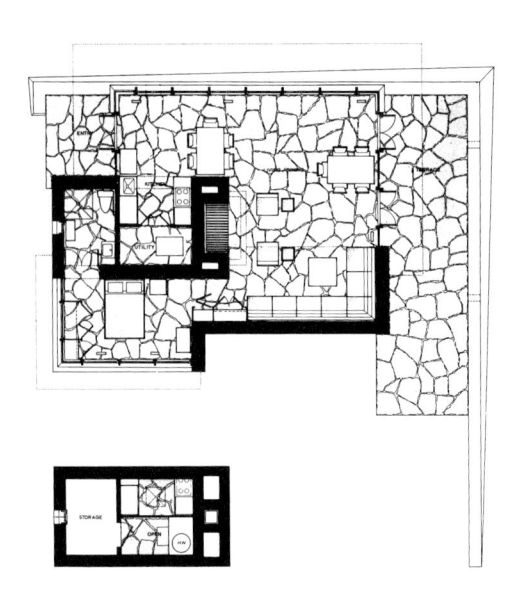

倉庫、1階平面図、および居間の短手断面図

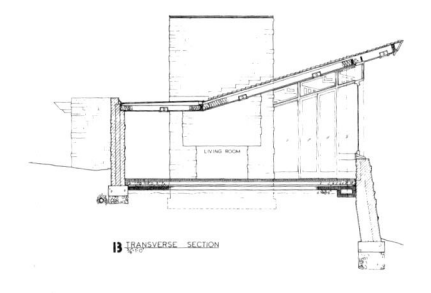

13 TRANSVERSE SECTION

CAMOUFLAGE

木部の詳細

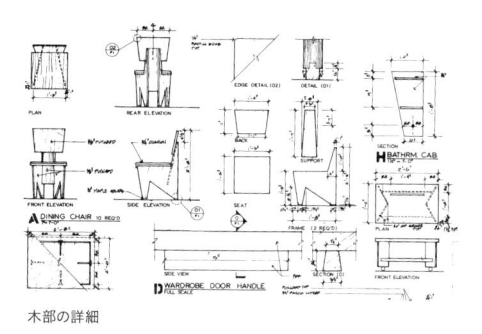

Frank Lloyd Wright / Eifler & Associates

CAMOUFLAGE
Aris Konstantinidis

アリス・コンスタンティニディス

週末住宅
アナヴィッソス（ギリシャ）
1962

Holiday house
Anavyssos (Greece)
1962

　この住宅は、アテネとスニオンの間の乾燥した広々とした場所にあり、そこで採れる石材の使用と、非常に単純な形態とプロポーションとによりみごとに周辺に溶け込んでいる。

　比較的小さな居間、寝室、そしてキッチンが住宅の核を形成し、海に向かって開いているテラスが周囲に設けられている。打放しコンクリートが石の壁の粗い表情と好対照を生み出している。周囲の自然環境が尊重され、わずか数段の階段が浜辺へと続いている。

　屋内に置く家具は最小限にとどめられ、屋外での生活が重視された。

　外部の簡素さは内部にも及んでいる。壁には天然石材、天井はコンクリート打放し、そして床には粗い石のスラブが用いられている。

Aris Konstantinidis

平面図

148 CAMOUFLAGE

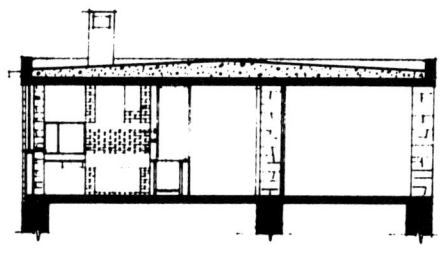

短手断面

Aris Konstantinidis **149**

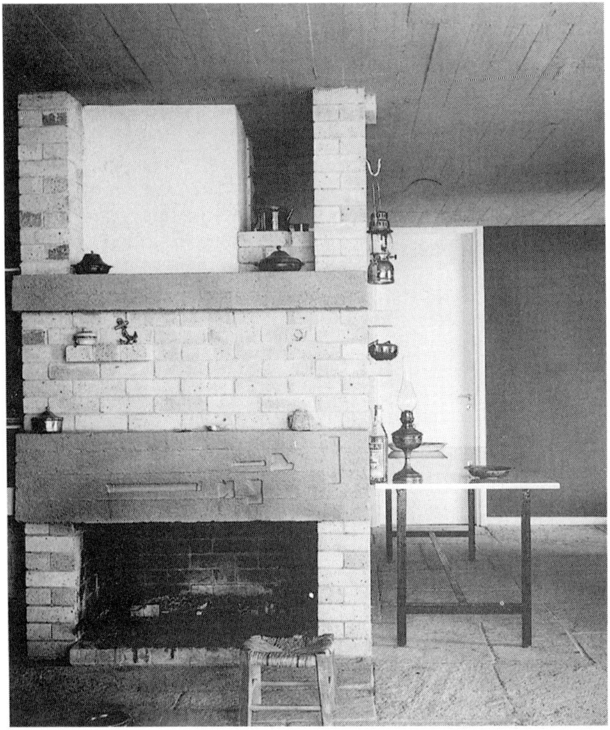

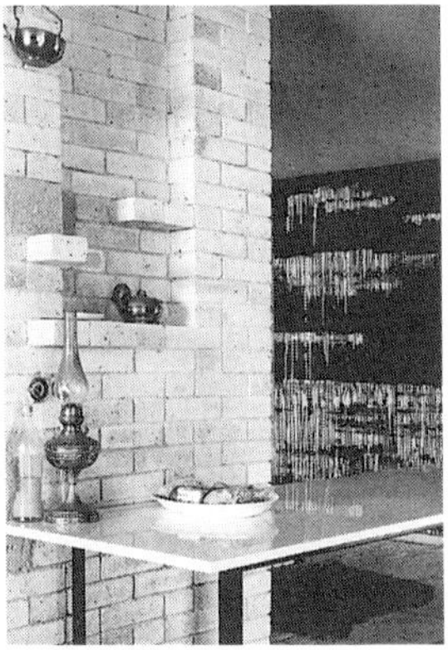

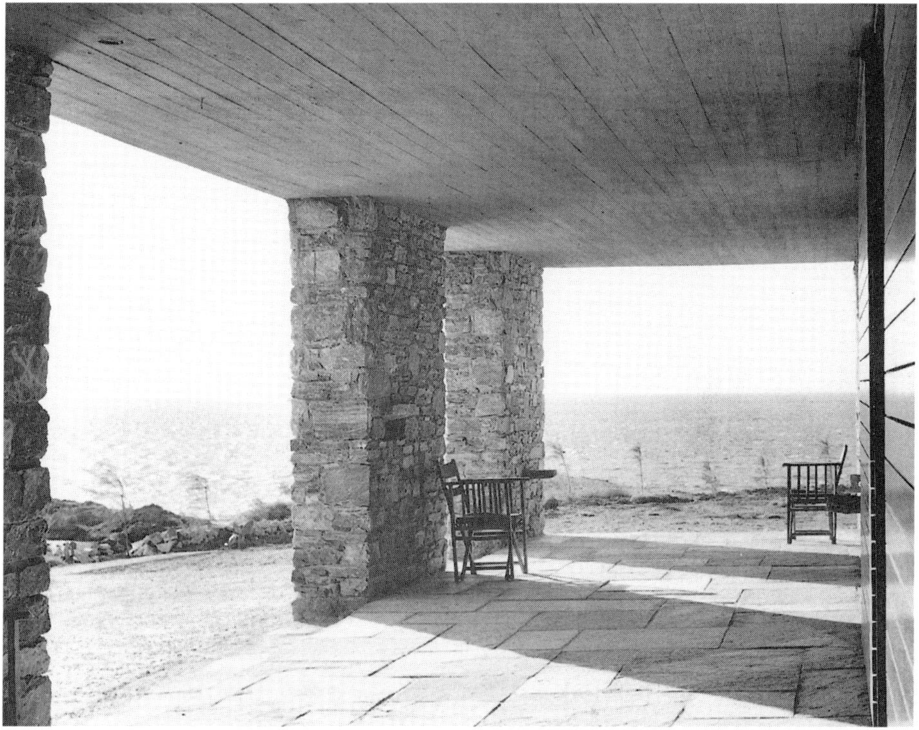

CAMOUFLAGE
Eduardo Souto de Moura

エドゥアルド・ソウト・デ・モウラ

バイアオの住宅
ポルトガル
1991-1993
構造設計：ホセ・マニュエル・カルドソ・テグセラ
電気設備：ロリンド・ダ・シルヴァ・ギマラエス

House in Baîao
Portugal
1991-1993
Francisco Vierira de Campos, assistant
José Manuel Cardoso Teixera, structural engineer
Laurindo da Silva Guimaraes, electrical engineer

　施主から求められたのは、改修された廃墟を利用した最小限の広さを持つ週末住宅である。そこで、壁が巡らされた庭園として廃墟を取り込み、住宅を一角につくることが基本方針とされた。

　工事は擁壁を取り壊し、住宅が置かれる「窪み」部分を掘り込むことから始まった。文字通りこの住宅は地中に埋められたコンクリートの箱で、ドゥロ川に向かってひとつの面が開かれている。このプロジェクトは、周辺環境と融合した、と言うよりもこの場合、環境にほとんど埋め込まれた「ポルトガルの住宅」のデザインが、少ない予算で実現されたものである。そんななかでも、フランスのTehnal社製の窓枠、スイスのSika社の布地、アメリカの"Dow Roofmate"、ベルギーのLa Compagnie Royale Asturienne des Mines社製の樋、スペインのRoca社の衛生機器、Mamoli社の水栓やイタリア製のランプもこの住宅で用いられた。地元の材料は、バレドでの解体工事から見つけてきた再生品や、レイリアで採れた石のブロック、そしてパレデスからは木工品等が部分的に用いられているだけである。使用された製品名を並べてみると「I want to see Portugal in the E.E.C.（EECのポルトガルを見てみたい）」という歌を思い出してしまう。

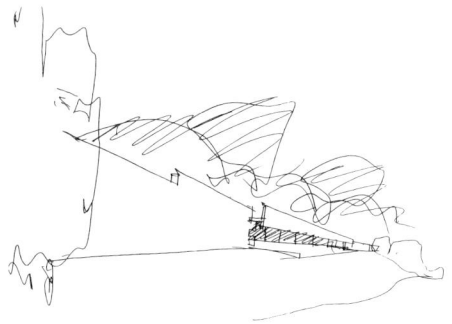

Eduardo Souto de Moura

平面図およびアクソメ

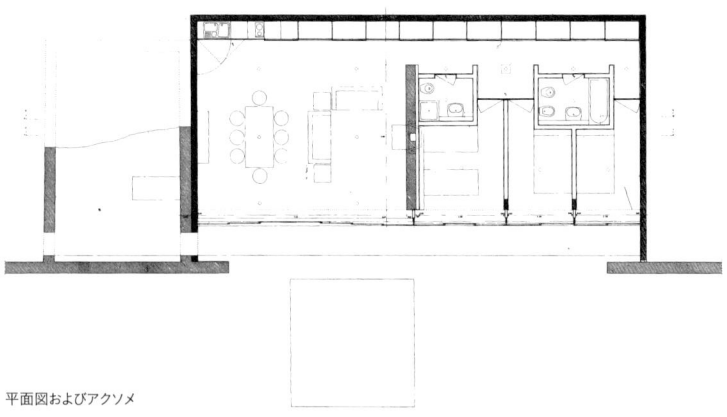

154 CAMOUFLAGE

Eduardo Souto de Moura **155**

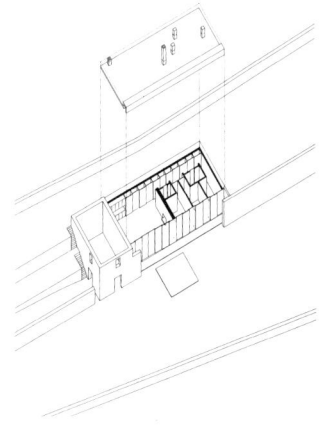

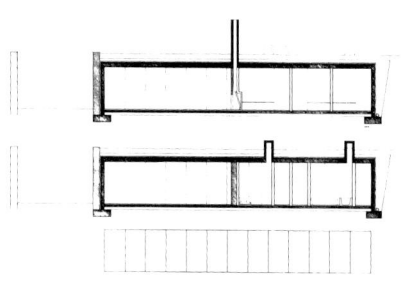

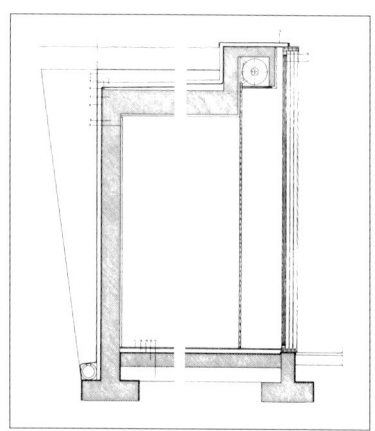

断面図、展開図および擁壁とカーテンウォールの詳細

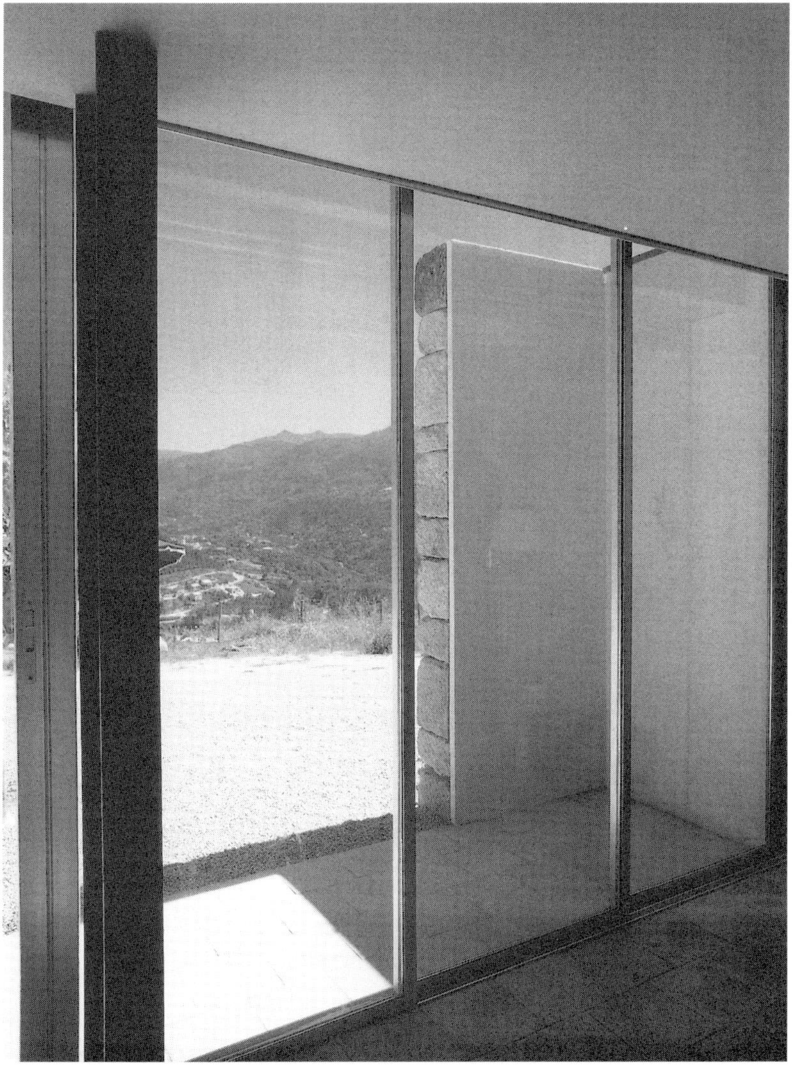

写真クレジット

Architectural Drawing Collection,
University Art Museum, University of California,
Santa Barbara………p.21, 25

Archivio Gio Ponti, Milano………p.75

Archivio Pino Pizzigoni, Bergamo………p.81

Andrew Bartle………p.53-55

Martin van Beeck………p.119-121

Hughes Bigot………p.27, 29

Reiner Blunck………p.111-115

Cameracraft Truro, Richard Einzig,
Daily Telegraph………p.103-105

Lluís Casals………p.49-51

Philip Chritofides, Amy Lelyveld………p.135-138

Patrick Degommier, Kaj G.Lindholm………p.31-37

Luis Ferreira Alves………p.153-157

Fondation Le Corbusier,
Paris/SPADEM………p.28, 63-65, 141

J.Manuel Gallego………p.107-109

Lars Hallèn/Design Press………p.57-60

Instituto Amatller de Arte Hispánico/Arxiu Mas,
Barcelona………p.69-73

Elsie Kersten………p.39-43

Aris Konstantinides………p.12, 147-151

Netherlands Architecture Institute/
Stiching Beeldrecht
erven Rietveld………p.23
erven Oud………p.67

Tomio Ohashi………p.117-119

John de la Roche………p.125-129

Tony Soluri………p.143-145

Margherita Spiluttini………p.45-47

Ezra Stoller/ESTO………p.77-79, 93, 95-97, 101

Leigh Woolley………p.126-129

訳者プロフィール

岩下暢男（いわした・のぶお）

1960年 生まれ
1984年 東京工業大学建築学科卒業
1986年 東京工業大学大学院建築学修士修了
　　　　鹿島建設建築設計部入社
1991年 コロンビア大学建築学部修士修了
　　　　KPF、フアラライ・ディベロップメント（ハワイ）を経て、
　現在 鹿島建設建築設計本部建築設計部チーフ

本書は、2000年に刊行した
『プライベート リトリート』の新装版です。

建築家の小屋：プライベート・リトリート

2008年5月20日　第1刷発行©

著者	グスタフ・ジリ・ガルフェッティ
訳者	岩下暢男
発行者	鹿島光一
発行所	鹿島出版会 〒107-0052 東京都港区赤坂6-2-8 電話 03-5574-8600 振替 00160-2-180883
ブックデザイン	伊藤滋章
印刷・製本	三美印刷

無断転載を禁じます。落丁・乱丁本はお取替えいたします。
ISBN978-4-306-04506-4　C3052
Printed in japan

本書の内容に関するご意見・ご感想は下記までお寄せください。
URL：http://www.kajima-publishing.co.jp
e-mail：info@kajima-publishing.co.jp